La Vie De Pelage, Contenant L'Histoire Des Ouvrages De Saint Jerosme Et De Saint Augustin Contre Les Pelagiens

Louis Patouillet

LA VIE DE *PÉLAGE*,

CONTENANT

L'Histoire des Ouvrages de saint JEROSME & de saint AUGUSTIN contre les Pélagiens.

M. DCC. LI.

LA VIE DE *PELAGE.*

PRÉFACE.

IL n'y a peut-être aucune partie de l'Histoire Ecclésiastique, dont il importe plus d'acquérir une exacte connoissance, que de la vie des Héréfiarques. Nous n'avons presque à nous défendre aujourd'hui que des mêmes piéges qu'ils ont tendus autrefois à la Religion des fidéles. Les derniers sectaires, pour donner les graces de la nouveauté à leurs erreurs, ont beau y prêter de nouvelles couleurs & de nouveaux noms, on apprendra toujours dans l'histoire des anciens hérétiques à connoître & à détester ceux qui s'élevent de nos jours ; & l'on trouvera toujours dans les décisions de l'Eglise contre ces premiers Novateurs, des armes invincibles pour triompher des nouveaux ennemis de la vérité.

C'est ce qui se vérifie sur-tout à l'égard des erreurs qui concernent le libre arbitre & la grace. Rien n'est plus capable d'en inspirer de l'horreur, qu'une connoissance parfaite des anciennes sectes qui les ont enseignées. C'est pourquoi ceux qui les renouvellent dans ces derniers tems, se sont sur-tout appliqués à répandre l'obscurité sur l'histoire des hérésies qui ont combattu la grace ou le libre arbitre. Ils n'ont rien omis pour faire disparoître les vraies erreurs que l'Eglise a censurées, & pour substituer en leur place les vérités Catholiques qu'ils s'efforcent de faire passer pour des erreurs.

PRE'FACE.

Il ſeroit à ſouhaiter, que pour précautionner les fidéles contre ces artifices, on eut donné à la France une hiſtoire complette de l'héréſie Pélagienne & ſemi-Pélagienne. Si le Pere Longueval (*a*) Jéſuite, a en effet entrepris & fini ce travail, comme l'aſſure ſon premier continuateur, on ne peut aſſez regretter la perte d'un ouvrage ſi utile & ſi néceſſaire. Un Ecrivain auſſi habile auroit répandu un grand jour ſur cette portion de l'Hiſtoire Eccléſiaſtique : il auroit conſtaté & développé la véritable doctrine des anciens ennemis de la grace, & par-là il auroit confondu tous ceux (*b*) qui, depuis deux cens ans, oſent accuſer l'Egliſe Romaine de tolérer dans ſon ſein des Pé-

(*a*) Préface du neuviéme tome de l'Hiſtoire de l'Egliſe Gallicane.

(*b*) Les Calviniſtes & les Janſéniſtes.

lagiens & des semi-Pélagiens.

Pour nous, en attendant, que l'on retrouve ce précieux manuscrit, ou que quelque Ecrivain laborieux s'applique à traiter ce sujet dans toute son étendue; nous avons crû rendre service au Public, en lui présentant la Vie de Pélage; persuadé que faire connoître les vûes & le caractere des chefs d'une se[illegible] faire connoître à peu p[illegible] la marche de leurs succe[illegible]

Au reste, la vie de ce Novateur n'offre pas de grands spectacles. On n'y verra pas, comme dans l'histoire de quelques autres héréſiarques, un Docteur fougueux, armer ses disciples pour sa défense; lever le même étendard contre le Prince & contre l'Eglise; & allumer le flambeau de la guerre au flambeau de l'héréſie. Mais on y verra l'hypocrisie, la chicane, la duplicité déployer tout ce qu'elles ont de fraudes & d'artifices contre la simplicité de la foi, & contre l'autorité de l'Eglise.

On verra d'un côté une secte d'hommes fourbes dans leur conduite, hypocrites dans leurs mœurs, parjures dans leurs professions de foi, se rendre formidables à l'Eglise par leur adresse à se cacher & à paroître n'exister pas : une secte, qui, malgré tant d'anathêmes de la part du saint Siége & des Evêques, s'opiniâtra à demeurer dans le sein de l'Eglise ; & qui, par ses intrigues & le crédit d'une vingtaine d'Evêques, sçut long-tems éluder la sévérité des loix de l'Eglise & de l'Etat : une secte, qui se parant d'un air de réforme & de sévérité, imposa au peuple par la prétendue sainteté de ses Chefs, &

s'efforça de décrier les défenseurs de la foi, par une foule d'écrits & de libelles, composés avec autant d'art que de mauvaise foi: une secte enfin, qui en résistant à l'autorité de l'Eglise la plus marquée, en faisant aux Souverains Pontifes les plus outrageantes insultes, se vantoit encore de son respect pour l'Eglise & pour le saint Siége; & qui, pour introduire dans les jugemens dogmatiques les chicanes éternelles du barreau, inventa l'artifice d'appeller au concile, d'une Constitution dogmatique du saint Siege.

D'un autre côté, on verra l'Eglise appliquée à démasquer ces Novateurs, & à dévoiler les artificieuses équivoques de leurs professions de foi, les poursuivre sans relâche dans leurs détours, & leur fermer ce labyrinthe de faux-fuyans, par où ils tâchoient de lui échapper. On la verra exiger des signatures & des souscriptions pour s'assurer de la foi des Evêques & des Ecclésiastiques du second ordre ; & ordonner qu'on souscrive non-seulement à la condamnation des erreurs, mais encore à celle des auteurs qui les ont enseignées. On la verra rejetter avec indignation & avec mépris l'appel des Evêques Pélagiens, interjetté du saint Siége au concile ; regarder la cause finie, malgré les clameurs d'un parti nombreux ; & ne répondre aux appellans qu'en procédant à leur déposition.

On s'est flaté que tous ces traits réunis dans une si courte histoire, seroient intéressans pour toutes les personnes qui aiment la Religion, & utiles pour celles qui, dans des circonstances peu différentes, cherchent à s'inſtruire & à démêler la vérité des artifices & des ténébres de l'erreur.

Ce ſont les motifs qui ont fait naître le deſſein de ce petit ouvrage. Il ſeroit inutile de prévenir le lecteur ſur la maniere dont on l'a exécuté. Il en jugera aſſez par lui-même. On le prie ſeulement de pardonner les fréquentes citations à la fidélité & à l'exactitude qu'on a crues néceſſaires dans une hiſtoire dogmatique. C'eſt en faveur de la même exactitude, que dans les traductions des endroits cités, on a préféré la *littéralité*, ſi on peut s'exprimer ainſi, à l'élégance, quand l'une à paru incompatible avec l'autre.

On n'a eû en vûe que de peindre les mœurs & les procédés de Pélage & de ſes compagnons.

Mais comme toutes les héréſies ſe reſſemblent, étant toutes filles d'un même pere, qui eſt le pere du menſonge; on pourra reconnoître dans le portrait de ces hérétiques celui des Novateurs de ce tems. Nous n'avons pas crû qu'on dût nous en faire un crime. Car ſi la reſſemblance eſt bien fondée, ce ſeroit la faute de ceux à qui on feroit ces applications; & ſi elle eſt mal fondée, ce ſeroit la faute de ceux qui les feroient.

Pour les réflexions que l'Hiſtoire fait naître naturellement ſur les artifices des hérétiques, on n'a pas crû devoir les omettre. On a mieux aimé dérober au lecteur inſtruit & éclairé, le plaiſir délicat de les faire lui-même, que de laiſſer ignorer aux autres, ce qui peut ſervir à les préſerver des piéges de l'erreur.

TABLE
DES
CHAPITRES.

Fin de la Table des Chapitres.

LA VIE DE PÉLAGE.

CHAPITRE PREMIER.

Quel est le premier Auteur du Pélagianisme. Origine de Pélage. Son genre de vie. Il va à Rome, & s'y fait estimer par la sévérité de sa Morale.

PÉLAGE, qui a donné son nom à la secte Pélagienne, n'en est pas néanmoins le premier auteur. Cette erreur étoit née dans l'école du célébre Théodore de Mopſueſte, ou même dans celle d'Origene. Elle ſe répandoit ſourdement en Cilicie, lorſqu'un diſciple de Théodore étant paſſé en occident, la porta avec lui, comme un voyageur porte d'un païs à l'autre le mal contagieux. Ce n'étoit encore en orient qu'un feu caché ſous la cendre : une ſeule étincelle, jettée dans Rome comme par hazard, y cauſa bientôt un funeſte incendie : & Pélage, qui reçut cette étincelle dans ſon ſein, ſouffla & entretint avec ſoin ce premier feu, & mérita de paſſer pour l'auteur d'une héréſie qu'il avoit adoptée à ſa naiſſance.

Il étoit originaire de la Bretagne, aujourd'hui nommée l'Angleterre (*a*). On prétend que ſon nom étoit *Morgan*, qui ſignifie en langue du païs, ce que Pélage ſignifie en grec, c'eſt-à-dire, *homme*

(a) *Uſſerius, antiq. Brit. p.* 207.

de mer. Il embrassa l'état Monastique, & il ne balança pas, dit saint Augustin (*a*), à faire ce que le Seigneur commanda à ce jeune homme, de vendre ses biens pour se faire un trésor dans le ciel. Mais la sainteté de sa profession ne le rendit ni plus humble ni plus soumis à l'Église. L'hérésie se glisse quelquefois, comme un serpent, dans les plus saintes solitudes. Et l'on ne voit que trop souvent des Religieux, sous le sac & le cilice, combattre en faveur de la nouveauté, comme pour se dédommager, par le libertinage de l'esprit, des austérités dont ils crucifient leur chair.

Peut-être aussi le genre de vie Monastique que menoit Pélage, n'incommodoit-il pas beaucoup la nature. On distinguoit alors dans l'église trois sortes de moines : les Solitaires qui vivoient re-

(a) *De peccat. merit. l. 2. c. 16.*

clus dans des cellules, les Cénobites qui vivoient en communauté & sous la discipline d'un Supérieur, & les simples moines qui n'ayant ni solitude ni supérieur, n'avoient quelquefois que l'habit & le nom de moines. C'étoient des hommes, qui étant détrompés du monde, faisoient profession de garder les conseils évangéliques sans autre regle que leur ferveur. Il portoient un habit simple & conforme à leur profession. Du reste, ils demeuroient au milieu du monde pour l'édifier & le convertir; quelquefois le monde les pervertissoit. Les Paulins & les Pammaques, & quelques autres grands hommes, faisoient honneur par leur sainteté à ce genre de vie. Mais plusieurs de ceux qui l'avoient embrassé, par une inquiétude dont les moines même soumis à des supérieurs ont encore de la peine à se défendre, aimoient un peu trop à voir & à courir le monde. On ne laissa pas de les nommer moines en occident ; mais en orient on les nommoit seulement philosophes, parce qu'ils faisoient profession de la vraie sagesse, qui est celle de l'Evangile.

Tel étoit le genre de vie monastique que Pélage embrassa. Car on ne doit pas s'arrêter à ce qu'en ont débité les historiens Anglois (*a*), dont les uns prétendent qu'il fut abbé du célebre monastére de Bangor, où il y avoit, disent-ils, plus de deux mille moines à gouverner : les autres le font docteur de Cambrige ; & quelques-uns même évêque (*b*) : toutes fables, qu'il suffit d'exposer pour les réfuter.

Pélage profita du loisir que la

(a) *Runulphus Cestrensis & Thomas Timmathensis, apud Usserium, c.* 8.

(b) *Cantelupus apud Usserium, c.* 8.

profession monastique lui laissoit, pour s'appliquer à l'étude de l'éloquence & des saintes écritures ; & quoiqu'en dise saint Jerôme, il paroît, par les ouvrages qu'il publia dans la suite, qu'il y fit des progrès qui lui attirerent l'estime même des Romains.

La Bretagne lui parut bientôt un théâtre trop étroit. L'ambition, ou peut-être la dévotion, lui fit naître l'envie de passer à Rome, qui étoit en même-tems le centre de la grandeur mondaine, & de la piété chrétienne. On ne sçait pas précisément quelle année il y arriva ; mais ce dut être sous le pontificat du pape Damase, puisque saint Jérôme, que la jalousie du clergé obligea de quitter Rome aussi-tôt après la mort de ce pape, y vit Pélage assez de tems pour lier avec lui une étroite amitié.

On a cru long-tems que Pélage avoit demeuré plusieurs années en orient, avant que de passer à Rome. On s'appuyoit sur une lettre où saint Chrysostôme (*a*) déplore la chute du moine Pélage. Mais comme il est certain que l'héréſie de Pélage ne fut connue en orient que longtems après saint Chriſostôme, il faut reconnoître qu'il s'agit de quelque autre moine de même nom, aussi-bien que dans quelques lettres où Isidore de Peluse parle d'un moine parasite, nommé Pélage, qui couroit de monastere en monastere.

Pélage ayant donc passé directement de la Bretagne en Italie, parut d'abord dans la capitale du monde chrétien, avec la réputation d'un saint homme, & d'un homme d'esprit. Il vint à bout par ses intrigues, ou par la piété qu'il montroit, & qui etoit

(a) *Ep. ad Olymp.*

peut-être alors ſincere, de ſurprendre l'eſtime des perſonnes les plus diſtinguées par leur nobleſſe & par leur vertu. Il s'inſinua dans l'amitié de ſaint Pammaque, de ſaint Paulin & de ſaint Jérôme; & tout laïque qu'il étoit, il devint en peu de tems le directeur le plus accrédité parmi les Dames romaines. Il ſoutint auprès d'elles cette réputation par des maximes outrées de morale ſevere: il déclamoit contre les parures les plus innocentes: il enſeignoit qu'*on ne doit jamais faire de ſermens* (a). Qu'*un riche ne peut entrer dans le royaume des cieux, s'il vend tout ſon bien*. Qu'*il ne lui ſert de rien d'obſerver les commandemens, s'il conſerve ſes richeſſes*. En débitant de pareilles maximes, on eſt ſaint à peu de frais aux yeux d'un parti ſéduit. Car il eſt aiſé de comprendre qu'il n'en coûtoit pas beaucoup à un ſimple moine

(a) *Ep. Hilarii ad Auguſt.*

de déclamer contre l'éclat des habits & contre les richesses.

Pélage content de prêcher la sévérité, la laissoit pratiquer aux Pammaques & aux Jérômes. Pour lui, il se trouvoit souvent, à ce qu'on lui reprocha dans la suite (*a*), aux festins & aux tables les plus délicates. Aussi son visage, peu propre à persuader la pénitence, pouvoit rassurer contre ses maximes. C'étoit un homme d'une vaste corpulence, & dont l'embon-point répondoit à la grandeur de sa taille presque gigantesque. Saint Jérôme dit qu'il étoit chargé de graisse, & qu'il avoit les épaules de Milon (*b*), cet athlete si fameux par sa force. Mais jusqu'où ne va pas la prévention pour un novateur? En se traitant avec délicatesse, il passe souvent pour une victime de la mortification & de la pénitence.

(a) *Oros. apol.* (b) *Hier. in 1. Dialog.*

CHAPITRE II.

Saint Jérôme se brouille avec Ruffin d'Aquilée. Il le regarde comme le maître de Pélage. Marius Mercator donne cette qualité à un autre Ruffin. On établit ici la distinction des deux Ruffins.

PENDANT que Pélage, encore catholique, s'accréditoit à Rome sur la fin du quatriéme siécle, il s'y forma deux partis qui y partagerent toutes les personnes qui se piquoient de piété. Saint Jérôme & Ruffin d'Aquilée avoient été deux illustres amis. Cette liaison fut rompue avec éclat, lorsqu'ils étoient encore ensemble à Bethléem. Ils l'avoient renouée; & pour gage d'une réconciliation sincere, ils s'étoient embrassés dans l'église de la Résurrection, avant le départ de Ruffin. Mais celui-ci à son arrivée à Rome, ayant publié l'apologie d'Origene & les livres pleins d'erreur du même auteur, intitulés, *des Principes*; saint Pammaque pressa saint Jérôme d'écrire pour en découvrir le venin.

Le saint docteur ne balança pas à préférer les intérêts de la religion à ceux de l'amitié. Il écrivit contre Ruffin; & leur division ayant fait éclat, divisa tout Rome. Saint Macaire, ancien préfet de la ville, & l'illustre Mélanie, étoient les chefs du parti de Ruffin : Saint Pammaque & sainte Marcelle étoient à la tête des défenseurs de S. Jérôme. On a sujet de croire que Pélage, quoiqu'ancien ami de S. Jérôme, se déclara alors pour Ruffin : car S. Jérôme met par tout Ruffin d'Aquilée au nombre de ceux de qui Pélage a puisé ses erreurs ; & Jean de Jérusalem & les autres défenseurs de Ruffin, furent aussi les protecteurs de Pélage. Mais Marius Mercator donne lieu de penser que le principal maître de Pélage fut un autre Ruffin, originaire de Syrie, qui vint à Rome en ce tems-là.

Il avoit été disciple de Théodore de Mopsueste & sectateur d'Origene. Néanmoins dans la suite il se déclara avec zele en Palestine contre l'origénisme, & c'est lui sans doute qui publia à cette occasion la profession de foi dont le pere Sirmond a donné au public une ancienne traduction latine, sous le titre de *Profession de foi de Ruffin de Palestine*. Il y dit anathème aux erreurs d'Origene. Mais en s'éloignant trop d'un écueil, il donna dans un autre. Origene enseignoit que les ames naissent coupables de péchés actuels commis dans l'autre vie, & qu'elles ne sont dans les corps que comme dans des prisons pour expier ces péchés. Ruffin, pour contredire cette doctrine, en vint jusqu'à nier le péché originel dans sa profession de foi; mais cette erreur n'éclata pas en Palestine.

Ceux-là sont insensés, dit il, *qui croyent le monde entier devenu coupable d'iniquité par le moyen d'un seul homme. Car ceux qui le disent font Dieu injuste, ou croyent que le diable est plus puissant que Dieu, puisqu'il a pu rendre mauvaise, par la prévarication d'Adam & d'Eve, la nature que Dieu avoit créée bonne, & que par le péché du premier homme & de sa femme, tous les hommes sont devenus sujets au péché. C'est plutôt leurs propres passions que les hommes doivent accuser. Car comme ils sont amateurs des voluptés & de la chair, ils ne doivent pas s'en prendre aux autres des choses dont ils paroissent les auteurs.*

On attribue au même Ruffin une autre profession de foi, qui contient douze anathèmatismes, la plûpart contre la doctrine d'Origene qu'il avoit été accusé de soutenir. Le premier article renferme une erreur. En établissant l'éternité des peines pour les impies & les hérétiques, il en excepte les chrétiens orthodoxes. Ce qui paroît avoir été aussi le sentiment de saint Jérôme. Il reconnoît dans le second article que personne *ne peut être parfait sans le secours de Dieu.* Dans le dernier, il dit anathème à ceux qui enseignent que les ames ne sont pas créées chaque jour à mesure qu'elles sont unies au corps. Les deux professions furent apparemment publiées en orient, pendant que les disputes sur l'origénisme, entre saint Jérôme & saint

Epiphane d'une part, & Jean de Jérusalem & Ruffin d'Aquilée de l'autre, étoient si vives.

On croît avec assez de vraisemblance, que ce Ruffin (*a*), auteur de ces professions de foi, fut celui que S. Jérôme envoya en 399 vers Venerius, évêque de Milan, pour engager ce prélat à condamner l'origénisme. Il le chargea de passer par Rome, d'y saluer ses amis, & même Ruffin d'Aquilée, avec lequel il n'avoit pas entiérement rompu, & qu'il croyoit encore à Rome; mais qui, s'appercevant qu'il y étoit suspect, s'étoit retiré à Aquilée sa patrie, après avoir pris des lettres de communion du pape Syrice.

Ruffin le Syrien logea à Rome chez saint Pammaque, ami particulier de saint Jérôme, qui avoit renoncé à la qualité de sénateur pour embrasser la vie monasti-

(a) *Hier. ep. 66. ad Ruffinum.*

que, & qui avoit fait de sa maison comme un monastére. Pélage l'y vit, & Ruffin l'ayant trouvé propre à donner vogue à une erreur, s'attacha à lui inspirer ses sentimens contre l'existence du péché originel, & se servit de lui pour les répandre. Voici comme Marius Mercator raconte ce fait.

(a) *L'opinion qui a été avancée il y a long-tems contre la foi catholique parmi quelques Syriens, sur-tout en Cilicie par Théodore, autrefois évêque de Mopsueste, n'a été jusqu'à présent enseignée qu'à peu de personnes & fort secretement. On ne la débite pas en public; mais ceux à qui on l'enseigne à l'oreille, en tenant ces sentimens, demeurent dans le sein de l'église, comme s'ils étoient catholiques. Ces erreurs sont, que nos premiers peres ont été créés mortels par le Seigneur; que par leur transgression ils n'ont por-*

(a) *Mercator Comm.* 2°. *seu præfactione in librum subnotationum.*

té dommage à aucun de leurs descendans; qu'ils n'ont fait tort qu'à eux-mêmes; qu'en violant ce précepte de Dieu, il se sont rendus coupables, & n'ont rendu coupable aucun autre.

Mercator ajoute : *c'est un certain Ruffin, Syrien de nation, qui a le premier introduit à Rome, sous le pontificat d'Anastase, une doctrine si absurde & si contraire à la foi. Et comme il étoit adroit, il n'osa la répandre lui-même, de peur de se rendre odieux. Il séduisit le moine Pélage breton de nation.*

Il paroît constant par ce récit de Mercator, que le Ruffin, maître de Pélage, n'est pas le fameux Ruffin, rival de saint Jérôme. L'un étoit de Syrie, & l'autre d'Aquilée. Celui-ci défenseur opiniâtre d'Origene, & l'autre en étoit un zélé adversaire, comme il paroît par sa profession de foi. Surquoi cependant il se présente naturellement une difficulté à l'esprit. Comment saint Jérôme, qui n'a pu ignorer ce fait de Ruffin le Syrien, garde-t'il sur ce point un profond silence, tandis qu'il parle de Ruffin d'Aquilée, comme d'un des premiers auteurs de l'hérésie Pélagienne ?

Cette objection, toute spécieuse qu'elle est, disparoît, si l'on fait réflexion 1°. que saint Jérôme ne compte Ruffin d'Aquilée au nombre des premiers auteurs de l'hérésie pélagienne, que de la même maniere qu'il y compte Origene, Evagre de Pont, Jovinien, &c. 2°. Que le saint docteur n'ayant attaqué principalement dans les pélagiens que leur dogme de l'impeccance & de l'*apathie*, il avoit une occasion naturelle de parler contre Ruffin d'Aquilée & les autres origénistes qui admettoient cette impeccance. Car tel fut l'artifice de Pélage : il tenoit en même-tems à l'origénisme &

à l'anti-origénisme. Il se flata de s'attacher les adversaires d'Origene en combattant le péché originel ; tandis que, pour se conserver la protection des partisans de ce même Origene & de Ruffin d'Aquilée, il prit d'eux le dogme de l'impeccance & de l'*apathie*. C'est ainsi qu'ils nommoient un certain état, où ils supposoient que l'homme pouvoit être par les forces de la nature, sans avoir aucun péché, & sans sentir aucun trouble des passions : ensorte, comme disoit saint Jérôme, qu'il faudroit qu'en cet état l'homme *fût un Dieu ou une pierre*.

CHAPITRE III.

Caractére de Pélage. Il cherche à s'attacher les femmes & les beaux esprits. Il gagne à son parti Celestius, Julien & Amien. Il commence à composer des livres, & forme une espece d'Académie.

IL eut été difficile de trouver un homme qui eût réuni plus de talens que n'en avoit Pélage pour devenir le chef d'une nouvelle secte. L'hypocrisie, qui est toujours la qualité la plus nécessaire à un sectaire, fut le premier voile qui cacha ses erreurs. On n'osoit se défier de la doctrine d'un homme qui avoit sçu se faire passer pour un saint. Il arriva même que sa doctrine, qui auroit dû faire tomber le masque de ses fausses vertus, ne servit qu'à accroître l'opinion qu'on avoit conçûe de sa pieté. Car ses disciples ayant intérêt que leur maître fût estimé un saint, n'épargnerent rien pour lui faire une réputation qui pouvoit servir à les justifier & à augmenter leur nombre. Ils y réussirent si bien, que saint Augustin, dans ses premiers ouvrages contre les Pélagiens (*a*), parle de la vertu de Pélage avec estime. Il le nomme un parfait chrétien, & il lui attribue une vie chaste, & des mœurs régulieres (*b*). Il faut de ces vertus extérieures pour le progrès des sectes qui font profession de réforme. Ce sont, pour ainsi dire, les peaux de brebis, dont les loups s'enveloppent pour surprendre les ouailles. Pélage s'en étant paré, déploya avec plus

(a) L. 3. *de pecc. merit. c.* 3. & 4.
(b) *Ibid. l.* 2. *c.* 16.

de ſuccès tous ſes autres artifices.

Le ſerpent, qui commença par ſéduire la femme, pour ſéduire plus aiſément le premier homme, eſt le maître & le modele de tous les héréſiarques. Pour l'imiter, le nouveau ſectaire s'appliqua d'abord à gagner les Dames romaines. Il ſçavoit que le ſexe le plus foible & le plus aiſé à ſéduire, eſt communément le plus opiniâtre dans l'erreur, & le plus artificieux pour la répandre. L'eſprit eſt bientôt ſéduit par le cœur ; & une nouvelle doctrine a bien des attraits pour la plûpart des hommes mondains, quand elle eſt prêchée par des femmes. Pour ſe les attacher, Pélage n'eut qu'à flater leur vanité & leur curioſité. Il leur mit entre les mains l'écriture ſainte, & il la faiſoit lire à toutes indifféremment, pour les rendre juges de leur foi.

Surquoi saint Jérôme lui disoit: *Vous êtes si honnête, que pour vous faire du crédit auprès de vos amazones* (a), *vous leur enseignez qu'elles doivent avoir la science des écritures.*

Les Dames romaines entrerent avec ardeur dans le nouveau parti, qui les regardoit comme théologiennes: & l'on vit alors pour la premiere fois ce que l'on n'a vu dans la suite que trop souvent, je veux dire, des femmes disputer de la grace, du libre arbitre, & de la prédéstination.

Pélage ne se contenta pas de mettre ainsi de son parti les Dames, qui sont comme l'ame des cercles & du grand monde. Il s'appliqua encore à gagner tous ceux qui se distinguoient par leur esprit & leur capacité. L'artificieux héréſiarque se proposa par-là de donner à sa secte je ne sçais quel air de bel esprit, qui prévînt

(a) *Dial. 1. contra Pelag.*

en sa faveur, ou qui donnât envie aux hommes vains & superbes d'y être initiés: Appas séduisant des nouvelles sectes. C'est le charme secret auquel les écrits des novateurs doivent le plus souvent les graces dont ils paroissent briller. Dans ce dessein Pélage s'attacha Celestius, jeune homme originaire d'Italie, & fort distingué par sa naissance & par la subtilité de son esprit, comme saint Augustin le reconnoît (a). Il suivoit le barreau, qui étoit alors la porte de tous les honneurs. Pélage le détrompa par ses exhortations des vanités & des espérances du monde, & l'engagea à mener avec lui une sorte de vie monastique. Mais pour l'attacher à ses erreurs en le détachant du monde, il lui fit entendre Ruffin le Syrien. Ainsi il ne le conduisit au port, que

(a) *August. contra duas Pelagii epist.*

pour

pour lui faire faire un plus triste naufrage. C'est où aboutit le zele des directeurs séduits par l'esprit de nouveauté.

Ce fut au reste une conquête bien importante au parti naissant que celle de Celestius. Il devint en peu de tems comme un second chef de la secte avec Pélage, qui voulut bien partager avec lui cet honneur, & il se distingua par plusieurs écrits dogmatiques. Mais l'expérience n'a que trop montré que ces écrivains laïques sortis du barreau pour écrire sur des matieres de la foi, ont le plus souvent mal servi la religion.

Un autre jeune homme de la premiere qualité donna encore par la beauté de son génie de plus grandes espérances que Célestius. C'étoit Julien, fils de Mémorius, évêque de Capouë, & de Julienne, dame des plus distinguées de Rome. Il n'avoit guere alors que 17 ou 18 ans. Pélage, selon le témoignage de Bede, qui se trompe pour le tems, prit soin de son éducation, & jetta dans son esprit les semences de l'erreur avec celles de la vertu. On verra dans la suite de cette histoire avec quels succès. Car Julien, après avoir demeuré long-tems disciple caché, pour les intérêts du parti & pour les siens, se déclara le plus zélé partisan de la nouvelle secte, qu'il soutint long-tems seul contre la puissance ecclésiastique & Impériale, autant par son crédit & ses intrigues, que par ses écrits.

Ce fut encore vers le même tems que Pélage s'attacha Anien, diacre de Celedan, ville qu'on ne connoît plus. C'étoit un homme d'esprit & fort versé dans la langue grecque & dans la latine. Mais les exhortations & les raisonnemens de Pélage le gagnerent moins que ses largesses. Il paroît, de la maniere dont en parle saint Jérôme, (a) qu'Anien se vendit au parti, plutôt qu'il ne se donna. C'est ainsi que l'argent des novateurs supplée souvent, & donne du poids à leurs raisons. Que d'Ecclésiastiques n'ont été dans tous les tems attachés à l'erreur que par le lien de l'intérêt !

Pélage ayant ainsi réussi, dès le commencement du cinquiéme siécle, à gagner à la nouvelle secte des disciples capables de lui faire honneur, ne se borna plus à la direction. Il s'appliqua à composer des livres qui pussent répandre ses erreurs dans tout le monde chrétien. Avant que de faire profession de sa nouvelle doctrine, il avoit publié contre les Ariens un ouvrage sur la Tri-

(a) *Hieron. Epistola ad Augustinum & Alipium inter Augustinianas.* 202.

nité, divisé en trois livres, qui lui avoit fait honneur. Le zéle qu'il montra contre l'hérésie qui étoit alors dominante, fut un nouveau masque pour cacher la sienne. Les plus dangereux sectaires n'ont guére manqué d'attaquer les hérésies différentes de la leur, afin que l'Eglise qu'ils défendoient d'un côté, fut moins en garde contre les coups qu'ils lui portoient de l'autre. Pélage jugea qu'il seroit d'abord plus utile aux intérêts de la secte de composer des livres de spiritualité, où le venin de l'erreur artificieusement mêlé avec l'onction de la piété seroit plus subtil & plus mortel. Il composa à ce dessein un ouvrage sur la vie active & sur les devoirs des vertus chrétiennes, intitulé *de Actuali Conversatione*.

C'étoit une Imitation, & comme une suite des *Témoignages* de saint Cyprien ; & Pélage se vantoit, au rapport de saint Augustin, d'avoir fait, dans ce traité dédié à Romain, ce que Cyprien (*a*) avoit fait dans celui qu'il a adressé à Quirin. Cet ouvrage de Pélage divisé en plusieurs titres ou chapitres, étoit comme un abregé de la morale :mais d'une morale outrée & sévére jusqu'à l'excès, & qui par conséquent n'étoit pas celle de l'évangile. Il nous reste plusieurs de ces titres qui justifient ce que l'on avance ici : en voici quelques-uns.

Qu'on ne peut être sans péché à moins qu'on ait la science de la loi.

Que les femmes doivent avoir aussi la science de la loi ; & qu'elles doivent aussi chanter les louanges de Dieu.

Qu'un chrétien doit être si patient qu'il doit sçavoir bon gré à celui qui enleve son bien.

(a) *L. 4. ad Bonif. s. c. 8.*

Qu'il faut aimer ses ennemis comme ses plus proches parens.

Qu'il faut réprimander publiquement les pécheurs.

Il y avoit plusieurs autres semblables maximes d'une morale trop sévére, lesquelles saint Jérôme se crut obligé de réfuter, au danger de se voir décrié par les novateurs, comme un corrupteur de la morale de l'évangile.

Il est étrange que les hommes, qui ont tant de peine à observer la loi avec tous les adoucissemens dont elle peut être susceptible, aiment ceux qui la leur prêchent revétue d'une sévérité qui la leur rendroit impraticable. Le livre de Pélage fut bien reçu, & le succès anima l'auteur. Il fit de ses disciples comme une académie, pour composer tous les ouvrages qui seroient jugés convenables aux intérêts de la secte. Pelage, Celestius, Anien, & dans la suite

Julien, composoient cette société d'écrivains, qui menoient une espéce de vie Monastique & solitaire au milieu de Rome, ou dans quelque retraite voisine. C'étoit là le laboratoire où se forgeoient tous les ouvrages du parti. Pélage prit pour sa tâche le soin de commenter l'écriture. Celestius se chargea des ouvrages polémiques. Anien fut appliqué à faire des traductions des ouvrages des Saints Peres, qui paroissoient favorables à la secte.

Tous ces écrits, presque toujours anonymes, étoient aussi-tôt répandus avec l'empressement & la vogue que peut donner l'esprit de cabale: Les docteurs catholiques ne pouvoient plus rien écrire qui fût au goût d'un public, toujours prévenu en faveur de la nouveauté. On les accusoit même de n'écrire que par jalousie contre les auteurs Pélagiens.

Saint Jérôme fut obligé de se disculper de ce reproche. L'éloquence du saint docteur n'avoit plus de quoi plaire aux Dames Romaines. Les graces l'avoient abandonné.

CHAPITRE IV.

Ouvrage de Pélage sur les épitres de saint Paul. Systême de ce novateur. Ses équivoques & ses subterfuges. Sa lettre à saint Paulin. Jugement qu'en porte saint Augustin. Caractére de Celestius. Ses ouvrages. Effet qu'ils produisent. Dispute de Pélage contre Urbain, évêque de Sicque. Zéle d'un magistrat, nommé Constantius.

LE premier ouvrage que publia alors Pélage en faveur de la secte, fut un Commentaire sur toutres les épitres de saint Paul. C'étoit présenter le venin de l'hérésie dans une coupe d'or, & cacher un poison mortel sous la nourriture la plus saine & la plus délicieuse. Il avoit en effet déployé tous ses artifices dans cet ouvrage, pour n'y insinuer ses erreurs que sous des expressions captieuses & enveloppées. Quand le texte portoit naturellement à expliquer le dogme catholique sur le péché originel & sur la grace, il gardoit un artificieux silence, ou détournoit à un autre sens les passages les plus opposés à ses erreurs. S'il proposoit quelque objection contre le péché originel, il ne le faisoit, comme le remarque saint Augustin, qu'au nom d'une autre personne. Mercator nous a conservé plusieurs morceaux de ce Commentaire, qui suffisent pour en découvrir le venin. Cassiodore (*a*) y fit quelques corrections, afin de pouvoir le mettre entre les mains de ses moines, & il dit que de son tems, c'est à-dire, dans le sixiéme siécle, ces Commentaires étoient si estimés, qu'on les faisoit passer pour l'ouvrage du pape Gelase. Dans la suite, ils ont long-tems passé pour être de saint Jérôme, à qui ce n'est pas le seul des ouvrages de Pélage qu'on ait attribué. C'étoit sans doute dans ce Commentaire que Pélage faisoit lire saint Paul aux Dames Romaines. Car les novateurs n'ont tant de zéle pour faire lire l'écriture sainte, que quand ils l'ont depravée par des commentaires artificieux ou des traductions infidelles.

Pélage n'avoit jusqu'alors combattu que le péché originel. Son commentaire sur saint Paul, fut le premier ouvrage où il laissa

(a) *Cassiod. l. divin. Lect. c. 8.*

entrevoir ses erreurs sur la grace. Toute hérésie ne développe ses dogmes qu'à proportion des progrès qu'elle fait, & souvent l'auteur même qui l'enfante, ne sçait pas quelle forme prendra ce monstre naissant. On a pu remarquer par ce qu'on a rapporté de Marius Mercator, que toute la dispute entre les catholiques & les pélagiens ne roula d'abord que sur la condition d'Adam; s'il avoit été créé mortel ou immortel. Le passage aux disputes du péché originel fut bien facile. Les pélagiens reconnoissant qu'Adam avoit été créé mortel comme les autres hommes, furent obligés de dire que la mort n'étoit pas une peine de son péché, & que par sa transgression il n'avoit porté aucun dommage à sa postérité. Et comme les catholiques objectoient la réparation de la nature par Jesus-Christ, la foi blesse de la volonté, & la nécessité de la grace, les pélagiens franchirent encore ce pas, & soutinrent que la nature n'avoit été ni affoiblie, ni corrompue par le péché, & que par conséquent elle n'avoit pas besoin de la grace médicinale de Jesus-Christ. C'étoit détruire le mystére de la Rédemption; mais après avoir nié l'existence du mal, il falloit nier la nécessité du remède. Voilà tout le Pélagianisme. Les Peres & les Conciles rapportent communément les dogmes de cette hérésie à ces deux articles; sçavoir, que *la nature n'a pas besoin de médecin dans les enfans, parce qu'elle est saine, ni du secours de la grace dans les adultes,* (a) *parce qu'elle se suffit à elle-même pour acquérir la justice.*

Quoique Pélage & Celestius travaillassent de concert à l'éta-

(a) *August. de nat. & gratia c. 6.*

blissement de ces deux erreurs, ils avoient comme partagé entre eux ce travail. Pélage attaquoit principalement la grace, & Céléstius le péché originel : ce qui fit nommer l'erreur qui combat ce dernier dogme, *l'héréſie Céleſtienne.* Il falloit plus d'artifice & de déguiſement pour attaquer la grace ; c'eſt pourquoi le maître ſe réſerva ce ſoin. Jamais l'eſprit de menſonge n'enſeigna, pour la défenſe d'aucune héréſie, plus de fourberie, de duplicité, d'équivoques, de variations, de tergiverſations, que Pélage n'en montra en combattant la grace du Rédempteur. Il ne déclaroit ſes ſentimens qu'à des perſonnes dont il ſe croyoit ſûr : toujours prêt à ſe rétracter & à ſe dédire, ſans changer d'opinions. Il ne s'exprimoit ordinairement ſur la grace, qu'en termes ambigus & obſcurs ; mais il en diſoit aſſez pour ſe faire entendre de ses disciples. Pour se rendre inintelligible aux autres, il changeoit la signification naturelle des termes; il déclaroit qu'il admettoit la grace, & qu'il la jugeoit nécessaire; mais il nommoit grace, la possibilité naturelle, la nature, les exemples & la doctrine de Jesus-Christ, la rémission des péchés. Il en venoit quelquefois jusqu'à reconnoître une vraie grace intérieure; mais il se ménageoit alors un faux-fuyant, en ne l'admettant que comme utile & pour faire plus facilement le bien. En un mot, il échappoit par mille détours à ceux qui croyoient le tenir, avec plus de souplesse qu'un serpent n'échappe des mains qui le serrent. Bien des fidéles, jugeant de la sincérité des autres par la leur, se laissoient surprendre à un langage si fourbe & si captieux, & ils regardoient comme des esprits inquiets &

brouillons, ceux qui révoquoient en doute la catholicité de Pélage sur la grace. Ainsi les docteurs catholiques en attaquant l'erreur, avoient tout à la fois à combattre, & la duplicité des novateurs, & la simplicité des catholiques. Ils employoient leurs travaux & leurs veilles pour soutenir l'église, & ils avoient à essuyer les reproches de la troubler, de mettre des obstacles à la paix, de calomnier des innocens. Il faut avoir passé par ces épreuves, pour sentir combien elles sont rudes. Elles ne servirent qu'à animer le zéle des docteurs catholiques, qu'à rendre leur couronne plus précieuse, qu'à faire mieux connoître les artifices de leurs adversaires.

Pelage voulant donc rendre odieux ses accusateurs, & justifier sa créance sur la grace, écrivit l'an 405 une grande lettre à ſaint Paulin, évêque de Nole, pour lui rendre compte de ſa foi. Il ſçavoit que rien ne contribue tant aux progrès d'une ſecte, que la protection d'un prélat diſtingué par ſa naiſſance, & en réputation de ſainteté. Il s'étoit inſinué de bonne heure dans l'amitié de Paulin. C'étoit l'homme le plus illuſtre qui fut alors en Italie. Il avoit été conſul avant que d'être évêque, & la vie ſainte qu'il menoit dans l'épiſcopat, la beauté de ſon génie, la réputation de ſes ouvrages, ne faiſoient pas moins d'honneur à la religion, que la générosité avec laquelle il avoit renoncé aux richeſſes & aux grandeurs du ſiécle pour ſuivre Jeſus-Chriſt. Pélage lui adreſſa donc une lettre d'autant plus artificieuſe, qu'il s'agiſſoit de tromper un grand prélat. On ne ſçait pas quelle impreſſion elle fit ſur l'eſprit de ſaint Paulin;

mais Pélage étoit si content de cette lettre qu'il y renvoyoit ses accusateurs, comme à une réponse universelle à leurs accusations. *Qu'ils lisent*, disoit il, *la lettre que nous avons écrite au saint évêque Paulin, il y a presque douze ans* (Pélage parloit ainsi l'an 417. dans sa lettre au pape Innocent, ce qui montre qu'Il écrivit à saint Paulin en 405). Il continue: (*a*) *Cette lettre en trois cens lignes ne fait autre chose que confesser la grace & le secours de Dieu, & qu'établir que nous ne pouvons rien faire de bien sans Dieu.* Saint Augustin n'en porta pas ce jugement. *J'ai donc lû cette lettre*, disoit-il, *& j'ai trouvé que Pélage n'y parle presque que de la faculté & possibilité naturelle; que c'est-là presque à quoi il réduit la grace de Dieu* (b). *Pour la grace de Jesus-Christ il en parle avec tant de*

(a) *Apud August. lib. de gratiâ Christi, c. 35.*
(b) *August. ibidem.*

briéveté, en ne faisant que la nommer, qu'il semble ne s'être proposé que de ne la point passer sous silence. Mais on ne voit nullement s'il fait consister cette grace dans la rémission des péchés, ou même dans la doctrine de Jesus-Christ, ou s'il croit qu'il y a un secours pour faire le bien, ajouté à la nature & à la doctrine par l'inspiration d'une charité très-ardente & très-lumineuse.

Ainsi cette lettre artificieuse étoit peu propre à justifier son auteur. Car quand on est suspect sur la foi, une apologie obscure & ambigue est une nouvelle accusation, qui confirme toutes les autres. Pélage écrivit vers le même tems, & sur le même sujet à l'évêque Constantius. Saint Augustin avoue qu'il n'avoit pû voir cette lettre. On ne sçait pas même quel siége occupoit Constantius. On a sujet de croire que c'étoit un prélat d'autorité & de mérite ; puisque le parti recherchoit sa protection.

Celestius de son côté ne demeuroit pas oisif. Les chicanes qu'il avoit apprises au barreau, jointes aux artifices que l'esprit d'erreur ne manque pas d'enseigner, en avoit fait en peu de tems, sous la discipline de Pélage, un des plus dangereux novateurs. Il n'étoit pas moins artificieux que son maître, & le feu de la jeunesse ou du tempéramment l'avoit rendu plus entreprenant & moins timide. Il parloit & écrivoit plus ouvertement contre le dogme catholique. Son stile sentoit moins l'éloquence diffuse du barreau, où il avoit été élevé, que la précision d'un subtil dialecticien. Ses écrits étoient courts & serrés, pleins de dilemmes & de captieux sillogismes. Gennade dit que Celestius s'étoit exercé dès sa jeunesse à composer des livres qu'il avoit adressés à son pere & à sa mere, & intutilés : *d'un Monastére*, (*a*) ou, comme quelques-uns l'expliquent, *touchant la vie Monastique*. Si la premiere interprétation est la véritable, il faut croire que Celestius se retira dans ce monastére, sans y embrasser la vie monastique; car il est constant, par le témoignage de Mercator, qu'il suivoit le Barreau, quand il s'attacha à Pélage. Au reste, Gennade fait un bel éloge de ces premiers ouvrages de Celestius. Il dit que *ce sont des livres nécessaires à tous ceux qui cherchent Dieu*, & qu'on n'y voit aucune trace des erreurs que l'auteur a fait paroître dans la suite. La perte de ces livres nous met hors d'état de juger si l'éloge n'est pas flatté.

Dès que Celestius fut entré dans le nouveau parti, il voulut signaler son zéle en composant le

(a) *De Monasterio.*

premier écrit pour combattre directement le dogme du péché originel. C'est même de cet ouvrage (si l'on en croit un ancien auteur *) que Pélage tira les argumens qu'il mit en œuvre contre le péché originel dans son commentaire sur saint Paul, & il y a lieu de croire que les propositions qu'on reprocha à Celestius dans le concile de Carthage en 412, étoient extraites de cet écrit. Il publia quelque-tems après un autre ouvrage contre la grace, dont saint Augustin (*a*) a conservé la mémoire par quelques extraits qu'il en a rapportés. Saint Jérôme en rapporte aussi quelques traits dans sa lettre à Ctésiphon.

Ces ouvrages des pélagiens, répandus furtivement dans le public, le zéle des dames du parti, les secrétes intrigues des chefs, remplirent bien-tôt Rome & tou-

(*) *Autor prædestinati.* (a) *De gestis Palestinis.*

te l'Italie de disputes & de contestations (*a*). Les femmes les plus mondaines faisoient gloire de disputer sur les matieres les plus abstraites de la grace. L'écriture sainte étoit entre les mains de tout le monde, comme saint Jérôme s'en plaignoit en ce temslà(*b*). Les artisans & les femmes vouloient la lire & l'interprêter selon leurs préjugés. Cependant les chefs qui excitoient ce trouble, ne cessoient de publier qu'il ne s'agissoit pas de la foi, & que ces disputes n'en intéressoient nullement la substance (*c*) : & c'étoit-là un des artifices qui leur réussissoit le mieux. Ces succès enhardirent bien-tôt les nouveaux docteurs : car c'est à ce tems-là qu'il faut rapporter ce que saint Augustin raconte d'Ur-

(a) *August. l. de pecc. mer. c. 21.*
(b) *Hieron. ep. ad Paul.*
(c) *Aug. de pec. orig. contra Pelag. l. 2. c. 23.*

bain, évêque de Sicque en Afrique, (a) & qui avoit été prêtre d'Hipponne. Cet évêque étant venu à Rome, Pélage disputa souvent contre lui; & comme le prélat le pressoit un jour, en lui disant : *S'il est dans notre pouvoir de ne pas pécher & de surmonter par les seules forces de notre volonté toutes les tentations des péchés, pourquoi disons-nous à Dieu :* Ne nous induisez pas en tentation? Pélage répondit : (*b*) *Nous prions Dieu de ne pas nous induire en tentation, c'est-à-dire, de ne nous faire point souffrir des maux qui ne dépendent pas de nous; par exemple, que je ne tombe pas de cheval, que je ne me casse point la jambe, que les voleurs ne me tuent point.* C'est à quoi l'orgueilleux sectaire rapportoit le fruit & la fin de nos prieres.

(a) *Siccensis.*

(b) *Aug. serm. tom. 2. apud Eugippium nov. edit. t. 5. p. 1509.*

Vers le même tems, un évêque (apparemment le même Urbain) ayant cité à Rome dans une compagnie la célébre priere que fait saint Augustin dans ses confessions : (a) *Seigneur, donnez ce que vous commandez, & commandez ce que vous voulez ;* Pélage, qui étoit présent, en parut scandalisé, & pensa prendre le prélat à partie (b).

Dieu ne laissa pas son Eglise sans défenseurs. Un magistrat de Rome, nommé Constantius, se distingua dans ces premiers troubles, par son zéle contre la nouvelle erreur. Il sçavoit que tout homme est soldat, quand il s'agit de défendre la religion, & que ceux qui par leur rang sont chargés de veiller à la tranquillité de l'état, inséparable de la paix de l'église, sont sur-tout

(a) *August. de dono persev. c.* 20.
(b) *Auctor. prædestin serm.* 88.

obligés

obligés de s'opposer à la nouveauté. Constantius pour se tenir dans les bornes de sa condition se contentoit de combattre l'erreur de vive voix, & d'imposer silence par son autorité aux novateurs. Il en fut récompensé par l'honneur qu'il eut dans la suite de souffrir pour la vérité.

CHAPITRE V.

Innocent I. pape. Alaric s'approche de Rome. Pélage & Celestius se réfugient en Sicile. Pélage écrit delà à une dame Romaine. Il compose un ouvrage intitulé : De la Nature. *Celestius en publie un sur* l'impeccance. *Tous les deux travaillent à gagner à leur parti quelques évêques.*

On avoit grand soin de cacher au souverain Pontife les premieres étincelles du feu qui s'allumoit dans l'Italie. Innocent I. un des plus grands papes qui ait gouverné l'église, étoit assis sur la chaire de saint Pierre. Il avoit succédé à Anastase l'an 402, & avoit hérité de son zéle contre l'erreur. Mais outre que plusieurs personnes de son clergé gagnées au parti, étoient comme gagées pour lui dissimuler le mal, il étoit alors tout occupé des affaires de l'Orient au sujet de la déposition de S. Chrysostôme. Pélage n'eut pu néanmoins tromper long-tems la vigilance du saint Pontife, sans les troubles & les guerres survenus en Italie par l'invasion des barbares. Le nouveau sectaire trouva sa sécurité dans les malheurs publics. Ce sont les tems de ténébres, où l'homme ennemi seme en liberté la zizanie dans le champ du Seigneur.

Alaric, à la tête d'une armée

formidable, avoit pénétré dès l'an 400. dans l'Italie. C'étoit une colonie de barbares ſortis du nord, qui ſemblables à un nouvel eſſain, venoient les armes à la main, & un roi à leur tête, chercher un climat auſſi délicieux, que celui où la nature les avoit fait naître étoit rude & ingrat. Cette nuée orageuſe, qui portoit partout l'allarme & le ravage, tint long-tems l'Italie dans l'incertitude de quel côté ſe déchargeroit la tempête. L'empereur Honorius avoit eſpéré de gagner ces barbares par argent. Il avoit racheté deux fois la province du pillage, & avoit été enfin obligé en 408. de traiter avec eux pour leur céder des terres. Mais Alaric, que les Romains avoient tâché de ſurprendre, tourna tout-à-coup ſes armes contre Rome, pour ſe venger de l'infidélité commiſe à ſon égard; ou plutôt pour profiter des dépouilles de toutes les nations, dans le sac d'une ville qui les leur avoit enlevées.

La marche d'Alaric jetta la consternation dans Rome. C'étoit un nouvel Annibal, & ce n'étoit pas les anciens Romains. Un grand nombre de citoyens, & sur-tout de Dames romaines, se réfugierent en Sicile pour éviter les dangers & les incommodités d'un siége.

Les dévotes du parti n'eurent point de peine à résoudre Pélage & Celestius de se conserver pour les intérêts de la secte. Ces deux chefs passerent en Sicile sur la fin de 408, ou vers le commencement de 409. Il paroît qu'ils fixerent leur demeure à Syracuse, où ils se consolerent de leur absence de Rome, par les moyens que leur retraite leur fournissoit de répandre la nouvelle doctrine.

Les libéralités de leurs disciples ne contribuerent pas peu à adoucir cette espece d'exil. Manque-t'il à un chef de parti réfugié, aucune des commodités qui peuvent l'attacher & le conserver long-tems à la secte ?

Les nouveaux docteurs employerent en Sicile les mêmes artifices qui leur avoient si bien réussi à Rome, & l'on ne vit de changement dans leur conduite, qu'une plus grande hardiesse de parler & d'écrire, que les troubles présens & l'éloignement du saint Siége leur inspiroient. Pélage n'oublia pas le troupeau qu'il avoit laissé à Rome. Cette ville étoit dans un triste état. Alaric qui avoit levé le premier siége, l'avoit enfin prise par un second siége au mois d'Août de l'an 410. selon l'opinion commune ; & l'avoit abandonnée au pillage du soldat barbare. Sainte Marcelle, saint Pammaque, & plusieurs autres personnes distinguées par leur pieté & leur qualité, ne survécurent pas à ces malheurs publics. Pélage prit l'occasion de ces funestes événemens pour adresser un livre d'exhortation & de consolation à une veuve Romaine, que Mercator nomme *Livania*. C'est l'anagrame de Juliana : ce qui a fait croire aux uns, que cette dame étoit Julienne, mere de Julien, depuis Evêque d'Eclane, & aux autres que c'étoit Julienne, mere de la vierge Démétriade, & qui avoit perdu son mari Olibrius, peu de tems avant le sac de Rome. Le plus sûr, feroit peut être de dire que cette Dame se nommoit en effet Livania, comme le dit Mercator. Connoît-on assez toutes les familles Romaines pour assurer que ce nom est déguisé ou supposé? Mais quelle que fut cette dame

Romaine, à qui Pélage adressa son ouvrage, il lui tenoit un langage plein d'une adulation basse & servile. *O que vous êtes heureuse*, lui disoit-il, *si la justice qu'on doit croire n'être que dans le ciel, se trouve sur la terre dans vous seule!* (a) *car on a droit de lever les mains vers le ciel, on prie avec une bonne conscience quand on peut dire : Seigneur, vous connoissez combien sont saintes, combien sont innocentes, combien sont pures de fraudes & de rapines les mains que je leve vers vous, vous sçavez combien les lévres avec lesquelles je vous prie d'avoir pitié de moi, sont sans tache & exemptes de mensonge.* La priere orgueilleuse du pharisien approche-t'elle de celle, dont le superbe novateur trace ici la formule. Il semble y insinuer que les pécheurs n'ont pas droit de prier. C'est une erreur que les sectaires les plus op-

(a) *Apud Hieron. Dialog. 3.*

posés aux pélagiens ont renouvellée de nos jours. On reprocha ce trait à Pélage au concile de Diospolis. Il en eut honte, & il nia qu'il fût l'auteur de ce livre.

Il s'appliquoit en Sicile à la composition d'un ouvrage plus important, qu'il intitula *de la Nature.* C'étoit une apologie & un éloge de la nature humaine, qu'il n'élevoit que pour abaisser la grace. Mais pour cacher son dessein, il déclaroit qu'il entreprenoit cet ouvrage *contre ceux qui au lieu de s'en prendre à leur propre volonté dans leurs péchés, accusent la nature de l'homme & tachent de s'excuser par-là.* (a) C'étoit un artifice pour rendre odieux les catholiques par le soupçon du manichéisme qu'il répandoit sur eux. Le but du livre étoit de montrer que l'homme peut être sans péché par les seules forces

(a) *Apud August. de nat. & grat. c.* 2.

de la nature & du libre arbitre. Mais l'auteur cachoit adroitement ce dessein. Il avouoit même quelquefois que ce n'étoit que par le secours de la grace & de la miséricorde de Dieu que l'homme pouvoit ainsi être sans péché. Mais quand après bien des détours, il venoit à s'expliquer, il faisoit voir qu'il n'entendoit par la grace que le libre arbitre, qui est un don de Dieu, comme auteur de la nature. Après divers argumens qu'il prétendoit tirer de la raison & de l'écriture, il apportoit l'autorité des saints Peres, & il citoit en sa faveur Lactance, saint Hilaire, saint Ambroise, saint Chrysostôme, saint Sixte & saint Augustin lui-même. Qu'on juge de-là quel fond on peut faire sur cette multitude d'autorité des saints Peres, dont les novateurs ne manquent jamais de se faire comme un bouclier pour mettre leurs erreurs à couvert contre les foudres de l'église. Les extraits que saint Augustin nous a conservés du livre de la nature, font voir que l'ouvrage étoit écrit avec autant d'élégance que d'artifice: ce qui fait juger que Celestius & Anien l'avoient revu. Ce dernier qui écrivoit bien, étoit gagé pour polir le stile des ouvrages de son maître. Car les auteurs Pélagiens ne cherchoient pas moins la gloire de bien écrire que la réputation d'une vie & d'une morale austere; persuadés que l'élégance du langage est l'assaisonnement qui fait avaler avec plaisir le poison d'un mauvais livre.

Célestius donna en même-tems un ouvrage sur l'impeccance, intitulé : *Définitions*. C'étoit un petit écrit, où par maniere d'instruction familiere on enseignoit aux disciples ce qu'ils pouvoient objetter aux catholiques pour les embarrasser, & ce qu'ils devoient répondre aux objections qu'on leur faisoit dans les conversations. Saint Augustin reconnut l'auteur au stile de l'ouvrage plein de dilemmes & d'interrogations captieuses. Ce qui montre que les deux autres écrits que Celestius avoit déja publiés, étoient dans le même goût. Voici quelques traits de l'ouvrage, qui pourront donner une idée du génie de l'auteur. *Avant toutes choses, dit-il, il faut demander à celui qui nie que l'homme puisse être sans péché, ce que c'est que le péché. Si c'est ce qu'on peut éviter, ou ce qu'on ne peut pas éviter. Si on ne le peut éviter, ce n'est plus un péché; si on le peut éviter, l'homme peut être sans le péché qu'il peut éviter; car ni la raison, ni la justice ne permettent de nommer péché ce qu'on ne peut éviter.*

Il faut aussi demander si le péché

vient de la volonté ou de la nécessité ; s'il vient de la nécessité, ce n'est point un péché ; s'il vient de la volonté, on peut l'éviter.

Il faut aussi demander si l'homme doit être sans péché ? sans doute qu'il le doit. S'il le doit, il le peut ; s'il ne le peut, il ne le doit donc pas ; & si l'homme ne doit pas être sans péché, il doit donc être avec le péché ; & alors ce ne sera plus un péché, si c'est l'état où l'on doit être....

Que si quelqu'un vous dit : donnez-moi un homme qui soit sans péché ; il faut répondre : Je vous donne un homme qui peut être sans péché. S'il demande : quel est cet homme, il faut répondre : c'est vous-même. S'il dit je ne le puis, répondez-lui : de qui est-ce la faute. S'il dit : c'est la mienne, dites-lui : comment est-ce votre faute, si vous ne pouvez être sans péché ? S'il vous dit : mais êtes-vous sans péché, vous qui prétendez que l'homme peut être sans péché ? Il faut répondre :

si je ne suis pas sans péché, de qui est-ce la faute? S'il dit: c'est la vôtre, il faut répondre: comment est-ce ma faute, si je ne puis être sans péché?

Après d'autres raisonnemens semblables, Celestius apportoit plusieurs autorités de l'écriture, pour montrer que l'homme pouvoit être sans péché; & il apprenoit la maniere d'éluder les passages qui paroissoient contraires à son systême. Le venin de cette doctrine consistoit en ce que l'auteur attribuoit aux seules forces du libre arbitre le pouvoir où il prétendoit que l'homme étoit d'éviter tout péché, quoiqu'il ne s'expliquât pas clairement là-dessus, pour rendre odieux ses adversaires; & en ce qu'il vouloit sapper par là la doctrine du péché originel.

Ces écrits pélagiens étoient répandus non-seulement en Sicile, mais dans tout l'Empire Romain.

Et l'on verra dans la suite que ce fut d'Espagne que saint Augustin reçut un exemplaire de l'ouvrage de Celestius, dont on vient de parler.

Le travail de la composition n'empêchoit pas les novateurs de donner une partie de leurs soins à la direction. Pélage gagna par ses exhortations, deux jeunes Siciliens de qualité, nommés Jacques & Timaise, & les fit renoncer aux espérances du siécle pour embrasser la vie monastique. Ces conversions éclatantes, qui lui faisoient honneur, étoient autant de conquêtes pour la secte. Pour y gagner les deux jeunes moines, il n'eut qu'à leur mettre en main le livre qu'il avoit composé sur la nature. Ils prirent aisément les sentimens de leur directeur en embrassant la même profession. C'est le malheur de ceux qui s'engagent quelquefois dans l'état religieux sous des Supérieurs infectés de l'erreur. Ils se font bien-tôt de leur attachement à la nouveauté un mérite de l'obéissance ; aussi malheureux qu'insensés, de courir à la perdition par une voye si étroite & si difficile.

Pélage & Celestius travaillerent sur-tout à gagner les évêques de Sicile, persuadés que quelques prélats gagnés une fois à l'erreur, sont comme un bouclier qui arrête assez de tems les coups qui lui sont portés, pour qu'on puisse se mettre en état de les mépriser. Il paroît par la suite qu'ils ne réussirent que trop auprès de plusieurs de ces prélats. Ainsi les pasteurs étant d'intelligence avec les loups, le troupeau en devint bien-tôt la proye. Voici comme en parloit saint Jérôme quelques années après (a). *L'hérésie de l'impeccance*

(a) *Hieron. præfat. in 4. librum Jeremiæ.*

& de l'apathie a commencé à revivre non-seulement dans l'occident, mais même dans l'orient, & dans quelques isles, sur-tout en Sicile & à Rhodes, où la plûpart en sont infectés, & où elle croît tous les jours, pendant qu'ils désavouent en public ce qu'ils enseignent en secret.

Ruffin d'Aquilée, le maître de Pélage, en ce qui concerne le dogme de l'impeccance & de l'apathie, put contribuer par sa présence aux progrès de ces erreurs en Sicile. Il s'y étoit refugié avec les deux Melanies, Pinien & Albine, & il y mourut l'an 410, dans une réputation fort ambigue; les uns le détestant comme un hérétique, & les autres l'admirant comme un docteur de l'église. Le pape Anastase l'avoit condamné par contumace, & parce qu'il refusa de venir à Rome justifier sa foi. Il est croyable qu'il se justifia sous le pape Innocent ; autrement ſaint Paulin, ſaint Chromace d'Aquilée, ſaint Gaudence de Breſſe, ſaint Macaire, & une famille auſſi ſainte que celle de Melanie, ne lui fuſſent pas demeurés conſtamment attachés. Les favorables diſpoſitions des Siciliens pour la nouvelle doctrine, arrêterent Pélage & Celeſtius environ deux ans. Ils n'en ſortirent que pour aller tenter de nouvelles conquêtes.

CHAPITRE VI.

Réputation de saint Augustin. Pélage va à Carthage pour tâcher de le gagner. Il lui écrit, & en reçoit une réponse. Il va ensuite en Palestine. Celestius reste à Carthage, & y répand ses erreurs. Le tribun Marcellin en informe saint Augustin, qui écrit plusieurs ouvrages contre la nouvelle hérésie.

AUGUSTIN, évêque d'Hippone, étoit alors le plus illustre docteur de l'église, l'ennemi le plus formidable & le plus irréconciliable de toutes les hérésies. Il avoit déja triomphé des Ariens, des Manichéens, des Donatistes, & l'éclat de sa réputation répandu dans tout le monde chrétien, répondoit à la multitude & à la beauté de ses ouvrages, & à l'importance des services qu'il avoit rendus à l'église. Pélage qui craignoit tout d'un si puissant adversaire, osa tenter de le gagner. Il avoit eu soin de lui faire écrire d'Italie des lettres en sa faveur, où l'on faisoit l'éloge de son mérite & de sa vertu. Il se flâta que ses artifices feroient le reste. Il partit donc de Sicile avec Celestius au printems de l'année 411. & alla aborder au port d'Hippone. Il n'y trouva pas saint Augustin, que les affaires de la religion avoient appellé à Carthage. L'empereur Honorius voulant terminer ce malheureux schisme de Donat, qui déchiroit l'église d'Afrique depuis près de cent ans, y avoit envoyé le tribun Marcellin, avec ordre d'assembler les évêques des deux partis, & de faire tenir en sa présence pour la réunion, la célébre conférence dont nous avons les actes. Augustin s'y étoit rendu des premiers, & comme il étoit la voix & l'oracle du clergé catholique, ce fut lui sur-tout qui fut chargé des affaires de cette conférence.

Pélage prit alors le chemin de Carthage, pour y voir une si illustre assemblée. Il espéroit entretenir en particulier le saint docteur, & se le rendre favorable; mais les occupations d'Augustin furent si continues & si multipliées, que le sectaire ne put trouver l'occasion de lui parler commodément. Il prit donc le parti, en quittant l'Afrique, de lui écrire une lettre pleine de louange & de flaterie. Saint Augustin avoit entendu dire trop de bien & trop de mal de Pélage, pour n'être pas sur ses gardes en lui répondant. La lettre qu'il lui écrivit étoit honnête, remplie de charité, & conçue en ces termes:

Je vous suis obligé d'avoir bien voulu me faire le plaisir de m'écrire & de m'apprendre l'état de votre santé. Que le Seigneur vous comble de ses biens, afin que vous soyez toujours homme de bien, & que vous viviez éternellement avec lui, mon très-cher, & très-désiré frere. Pour moi, quoique je ne reconnoisse pas la vérité des éloges que vous faites de moi, je ne puis être ingrat de la bonté que vous me marquez ; mais je vous conjure de prier plutôt pour moi, afin que par la grace du Seigneur, je devienne tel que vous me croyez. Pélage, qui tiroit avantage de tout, produisit dans la suite cette lettre au concile de Diospolis, comme une preuve de sa catholicité ; & saint Augustin fut alors obligé de s'en justifier : tant il est dangereux d'avoir le moindre commerce avec les novateurs. *Non-seulement*, dit le saint docteur, *je n'ai pas voulu lui donner de louanges, mais sans en-*

trer dans la question de la grace, je l'ai averti, autant que j'ai pû, de se corriger. Je l'ai nommé très-désiré, parce que je désirois fort d'avoir une conférence avec lui; car j'avois déja appris qu'il attaquoit de toutes ses forces la grace par laquelle nous sommes justifiés..... J'ai souhaité que le Seigneur le comblât de biens, non de biens temporels, mais de ceux qu'il croyoit, & qu'il croit peut-être encore ne dépendre que de la volonté. Je lui ai recommandé de prier que le Seigneur me fit la grace d'être tel qu'il me croyoit, afin de lui faire entendre que la justice qu'il avoit crû devoir louer en moi, n'est pas l'ouvrage de celui qui veut & qui court; mais de Dieu qui fait miséricorde.

Pélage tout glorieux de la lettre qu'il avoit reçue d'Augustin, s'embarqua pour la Palestine, à dessein d'y gagner Jean, évêque de Jérusalem, & peut-être saint Jérôme, dont la sainteté & l'érudition répandoient, de sa retraite de Bethléem où il avoit voulu les cacher, un si grand éclat dans toute l'Eglise, que saint Augustin lui-même le consultoit comme son maître, & que saint Prosper le nommoit le maître du monde. Celestius demeura à Carthage pour y travailler à l'établissement de la nouvelle hérésie. Le Manichéisme étoit alors, surtout en Afrique, la secte la plus odieuse aux catholiques. La haine de cette hérésie disposa les esprits en faveur de Celestius. Il déclamoit continuellement contre l'impiété des Manichéens. Il relevoit sans cesse la bonté de la nature, pour donner les couleurs du Manichéisme au dogme catholique du péché originel. Son éloquence, ses subtilités, jointes à la réputation de sainteté & d'érudition qu'il avoit sçu se ménager, firent gouter l'erreur en inspirant de l'estime pour celui qui la débitoit. Il s'insinua en peu de tems dans l'esprit des prêtres & du clergé inférieur. C'est un des plus sûrs moyens de séduire le peuple. Par-là Celestius se vit bien-tôt en état de prendre une place dans le clergé même de Carthage. Il demanda d'y être promû à la prêtrise; mais le Seigneur ne permit pas qu'une Eglise qui devoit combattre avec tant de gloire la nouvelle hérésie, reçût dans son sein celui qui l'enseignoit. Plusieurs personnes du clergé s'opposerent avec courage aux prétentions de Celestius.

Paulin, diacre & économe de l'Eglise de Milan, qui se trouvoit alors à Carthage fit plus. Saint Ambroise qui l'avoit ordonné diacre, & dont Paulin dans la suite écrivit la vie, lui avoit inspiré du zele contre les erreurs. Comme il connoissoit mieux que les

les Africains celles de Celestius, qui avoit fait quelque bruit en Italie, il s'en fit dénonciateur, & présenta contre lui un mémoire à l'Evêque de Carthage.

Saint Aurele, un des plus grands prélats qu'ait eû l'Eglise d'Afrique, occupoit ce siége dès l'an 391. Il jugea cette affaire assez importante pour être terminée dans un Concile; mais pour ne pas priver les Eglises de la présence des Evêques, dans un tems où leur résidence pouvoit être plus nécessaire pour recueillir les fruits qu'on s'étoit promis de la conférence, il attendit le tems ordinaire, où, selon les canons de Nicée, le concile de la province devoit se tenir.

Pendant ce délai, comme les opinions des Pélagiens commençoient à faire du bruit à Carthage, le tribun Marcellin, qui avoit connu à la derniere conférence l'éloquence & l'érudition d'Augustin, s'adressa à lui pour avoir la décision de plusieurs questions concernant la nouvelle doctrine. Saint Augustin lui répondit par trois livres intitulés : *De la Rémission des péchés.*

Il montre dans le premier livre, qu'Adam ne seroit pas mort, s'il n'avoit point péché ; & il établit fort au long le dogme du péché originel, par l'autorité de saint Paul, & par le baptême des enfans. Surquoi il dit : que *les enfans morts sans baptême, seront dans la damnation la plus douce.* Dans le second livre, il combat l'impeccance des Pélagiens ; c'est-à-dire, le pouvoir qu'ils attribuoient à l'homme d'être sans péché, par les forces de la nature.

Il établit d'abord la nécessité de la grace ; mais pour aller au-devant des chicanes des Pélagiens qui publioient que cette grace blessoit la liberté, il montre que la grace étant un secours, il faut que la volonté agisse & fasse ses efforts avec elle (*L. 5.*). *Car*, dit-il, *on ne peut être aidé que quand on fait quelques efforts de son côté.* Il reconnoît ensuite que l'homme peut être sans péché *par la grace de Dieu, & par son libre arbitre.... Que Dieu ne commande rien d'impossible, & que rien n'est impossible à Dieu pour aider & secourir l'homme à faire ce qu'il lui commande.* Mais il prétend que personne n'est, & n'a jamais été sans péché.

Saint Augustin venoit d'achever ces deux livres, lorsque le commentaire de S. Paul tomba entre ses mains. Il y trouva des objections contre le péché originel, auxquelles il n'avoit pas répondu. Ce qui l'obligea d'ajouter un troisiéme livre aux deux premiers. Au reste, on ne peut gueres parler avec plus d'éloge de

Pélage, que saint Augustin le fait dans cet ouvrage. Il dit qu'il apprend que c'est *un saint homme* (L.3. C.1.); *un chrétien avancé dans la perfection; un homme digne de louange* (*Ibid.c.3.*); & il tâche de l'excuser sur ce qu'en proposant des difficultés contre le péché originel, il ne parle pas en son nom.

Le tribun Marcellin ayant reçu cet ouvrage, ne put comprendre pourquoi S. Augustin, en avouant que l'homme pouvoit être sans péché avec le secours de la grace, prétendoit néanmoins que personne n'étoit en effet sans péché; & il lui proposa là-dessus de nouvelles difficultés. Augustin y répondit par le livre *de l'Esprit & de la Lettre*. Il avoue d'abord que prétendre qu'il y ait des hommes sans péché, est une erreur assez legere, & dont il faut peu s'embarrasser. Mais il dit qu'il faut résister avec beaucoup de courage à ceux qui combattent la nécessité de la grace. D'où il prend occasion de montrer que la loi sans la grace est la lettre qui tue. Le saint Docteur explique avec une admirable clarté dans ce livre, le pouvoir que la volonté conserve toujours de résister à la grace. *Il faut considérer*, dit-il, *que la volonté de croire doit être regardée comme un don de Dieu, non-seulement parce qu'elle vient du libre arbitre qui nous a été donné naturellement; mais encore parce que Dieu nous fait vouloir & croire par des insinuations secretes* (SUASIONIBUS VISORUM;) *soit extérieurement par les exhortations de l'Evangile; & alors les commandemens de la loi sont quelque chose, en avertissant l'homme de sa foiblesse; afin que croyant, il ait recours à la grace justifiante: soit intérieurement; & alors il n'est dans la puissance de personne, que cette chose lui vienne dans l'esprit* (a); *mais d'y consentir ou de refuser son consentement, cela dépend de sa propre volonté. Quand Dieu agit donc ainsi avec l'ame raisonnable, afin qu'elle croie à sa parole, sans doute que Dieu opere en l'homme la volonté même de croire, & que sa miséricorde nous prévient en tout. Mais, comme j'ai dit, c'est à la volonté à consentir à la vocation de Dieu, ou à y refuser son consentement.* Consentire autem vocationi Dei vel ab eâ dissentire, sicut dixi, propriæ voluntatis est.

C'est vers le même tems que saint Augustin écrivit à Honorat la lettre qui est intitulée: *De la grace du Nouveau Testament.* Il y répond à cinq questions de son ami, auxquelles il en ajoute une sixiéme, sur la grace de la Nouvelle Alliance, qu'il fait entrer dans tout l'ouvrage. Il dit qu'il traite cette matiere, parce que la

(a) *De spirit. & litt. c. 34.*

grace a de nouveaux adversaires, qui loin d'être méprisables, sont dignes d'éloges par la continence qu'ils gardent, & les bonnes œuvres qu'ils pratiquent. Honorat étoit encore alors Cathécumene ; & saint Augustin, qui se reprochoit de l'avoir engagé dans les erreurs des Manichéens, n'oublia rien dans la suite pour le conduire à la vérité.

CHAPITRE VII.

Concile de Carthage. Celestius y est cité & condamné. Il appelle au Pape, & se retire à Ephese. Pélage dans la Palestine, est protégé par Jean, Evêque de Jérusalem. Saint Jérôme écrit contre lui une lettre à Ctésiphon. Anien y répond. Saint Jérôme revient à la charge dans les Préfaces des quatre premiers livres de ses commentaires sur Jéremie.

PENDANT que saint Augustin s'occupoit à Hippone à composer ces ouvrages, qui porterent les premiers coups à la nouvelle hérésie, le concile se tint selon la coutume à Carthage, vers le commencement du carême de l'année 412. Saint Augustin nous apprend lui-même qu'il n'y assista pas ; & il y a apparence que ce concile ne fut que de la province de Carthage (*a*) ; dont Hippone n'étoit pas. Celestius y fut cité pour répondre sur les accusations du diacre Paulin. Elles se réduisoient aux six propositions suivantes, qu'on accusoit Celestius d'avoir enseignées.

I. Qu'Adam avoit été créé mortel, & qu'il devoit mourir, soit qu'il péchât ou qu'il ne péchât point.

II. Que le péché d'Adam n'a fait tort qu'à lui seul, & nullement au genre humain.

(*b*) III. Que les enfans qui naissent, sont dans le même état où étoit Adam avant sa prévarication.

IV. Que tous les hommes ne meurent point par la prévarica-

(a) *L. 2. Retract. c. 33.*
(b) *Mercat. comm. c. 1.*

tion & la mort d'Adam, comme ils ne ressuscitent pas tous par la résurrection de Jesus-Christ.

V. Qu'on parvient au Royaume des cieux par la loi aussi-bien que par l'évangile.

VI. Qu'avant l'avénement du Seigneur, il y a eu des hommes sans péché.

Celestius, qui sçavoit toutes les chicanes du Barreau, les mit en usage pour se défendre dans le Concile. Il prétendit d'abord que plusieurs propositions n'étoient pas fidellement extraites; mais on produisit ses ouvrages. Il chicana ensuite sur le sens des propositions; il embrassa ouvertement la defense de quelques-unes, prétendant qu'elles n'intéressoient pas la foi, & que c'étoient des questions que les docteurs catholiques étoient en possession de soutenir de part & d'autre.

Il s'appuya contre les Evêques de l'autorité du clergé du second ordre. Il promit de mauvaise foi de se soumettre ; c'est ce qu'on voit par ce qui nous reste des actes de ce concile. Voici ce que saint Augustin nous en a conservé. *L'Evêque Aurele dit : Qu'on lise la suite.*, *& on lut cette proposition* (a) : *Le péché d'Adam n'a fait tort qu'à lui seul, & nullement au genre humain. Ce qui ayant été lû : Celestius prit la parole, & s'expliqua en ces termes : J'ai dit que j'étois en doute touchant le péché d'origine ; ensorte cependant que je suis prêt de me rendre au sentiment de celui à qui Dieu a donné la grace de l'érudition, parce que j'ai entendu là-dessus différens sentimens de la part de ceux qui sont établis prêtres dans l'église catholique. Nommez ces prêtres, dit Paulin. Celestius répondit : C'est le saint prêtre Ruffin qui a demeuré à Rome,*

(a) *L. de pecc. orig. c.* 3.

avec saint Pammaque ; je lui ai entendu dire qu'il n'y avoit pas de péché d'origine. Y a-t'il quelque autre qui l'ai dit, ajouta le diacre Paulin ? Celestius répliqua : je l'ai entendu dire à plusieurs autres. Nommez-les, continua Paulin. Celestius dit : l'autorité d'un prêtre ne vous suffit-elle pas ? Et après quelques autres réponses, l'évêque Aurele ordonna qu'on lût le reste du mémoire. Et on lut cette proposition. Les enfans qui naissent sont dans le même état où étoit Adam avant la transgression, & le reste.

L'évêque Aurele adressa alors la parole à Celestius (ibid. c.4.). Avez-vous, dit-il, *jamais enseigné ce que le diacre Paulin vous reproche, que les enfans qui naissent sont dans le même état où étoit Adam avant la transgression ? Celestius répondit : qu'il explique ce qu'il entend, en disant :* AVANT LA TRANSGRESSION. *Le diacre Paulin reprit : Niez que vous ayez jamais enseigné ainsi. Il n'y a pas de milieu ; qu'il nie avoir enseigné la proposition*, ou *qu'il la condamne. J'ai déja dit, repliqua Celestius ; qu'il explique ce qu'il entend, en disant :* AVANT LA TRANSGRESSION. *Le diacre Paulin dit : Niez que vous ayez enseigné ainsi. L'évêque Aurele prit la parole : Je vous prie que je dise ce que j'ai compris par une semblable objection. Adam a été d'abord placé dans le Paradis, où il étoit immortel, mais après la transgression du précepte, il est devenu sujet à la mort. Sont-ce là vos sentimens, mon frere Paulin ? Le diacre Paulin dit : Oui Seigneur.*

L'évêque continua, l'état des enfans qui n'ont pas été baptisés est-il tel qu'étoit celui d'Adam avant la transgression, ou contractent-ils la faute de cette transgression en naissant de cette source de péché ? C'est ce que le diacre Paulin veut sçavoir. Le diacre Paulin dit : Qu'il déclare s'il a enseigné cela ou non. Celestius répon-

dit : J'ai déja dit pour ce qui regarde le péché d'origine, que j'ai vû plusieurs personnes de l'église catholique le combattre, & d'autres le soutenir, quoique ce soit une question problématique, & non une hérésie. J'ai toujours dit que les enfans ont besoin du baptême, & doivent être baptisés. Que demande-t'il davantage ?

Voilà un échantillon des artifices & des chicanes de Celestius. Les peres du Concile ne prirent pas le change. Le sectaire assez convaincu par sa confession, fut condamné & déclaré excommunié, jusqu'à ce qu'il eût anathématisé ouvertement ses erreurs. L'opiniâtreté & l'orgueil sont inséparables de l'hérésie. Celestius ne se soumit pas. Mais pour donner quelque couleur favorable à une désobéissance qui auroit pû détacher de lui quelqu'un de ses disciples ; il interjetta appel du concile au saint siége, & il affecta de montrer beaucoup de respect pour la chaire de saint Pierre, selon la coutume de tous les Novateurs, qui ont encore intérêt de passer pour catholiques. Mais au lieu d'aller à Rome pour suivre son appel; il s'embarqua pour Ephese, se flattant que l'Orient, où son erreur avoit pris naissance, lui seroit plus favorable. Ainsi en peu de tems, un seul homme porta le flambeau de l'hérésie dans l'Europe, dans l'Afrique & dans l'Asie.

Pélage étoit plus heureux en Palestine; si l'on peut appeller bonheur les succès des méchans. La réputation de sainteté qui le suivoit par tout, fit aisément croire qu'il ne venoit à Jérusalem que pour se consacrer à la pénitence, à l'exemple des Jérômes & des Mélanies, dans les lieux même où le Sauveur avoit souffert pour nous. Il commença par s'insinuer dans la faveur de Jean, Evêque de Jérusalem. C'étoit un prélat qui avoit de grandes qualités, & peut-être de pieuses intentions. Il eut pû passer avec justice, pour un saint & pour un grand évêque, s'il n'avoit pas eû le malheur de livrer presque toujours sa confiance à des Novateurs.

Ruffin d'Aquilée l'avoit engagé à se déclarer le protecteur d'Origene & de ses disciples ; & comme saint Jérôme les combattoit sans relâche, & démasquoit leurs erreurs, le zele du saint docteur lui attira à lui & à son monastere la disgrace du Prélat. Il persécuta ces saints religieux, & se déclara ensuite le fauteur & le protecteur de Pélage. Mais on croit qu'il en défendit la personne, sans en adopter les sentimens (*a*).

(*a*) Les Carmes, qui prétendent que Jean de Jérusalem fut religieux de leur Ordre, l'avoient mis au nombre de leurs saints, & ils

Pélage profita habilement de la protection de l'Evêque de Jérusalem. La vûe des saints lieux où s'étoit opérée la rédemption des hommes, ne put rallentir son ardeur à combattre la grace du Rédempteur. Le commentaire qu'il avoit publié à Rome sur saint Paul, lui fut alors d'un grand secours. La piété & la crainte des incursions des barbares avoient engagé un grand nombre de Dames chrétiennes à se retirer à Jérusalem des diverses parties du monde. Pélage en gagna le plus grand nombre, en leur faisant lire ses ouvrages : & comme les personnes une fois engagées dans un parti, n'estiment plus que les écrits de ce parti, les nouveaux disciples de Pélage en prirent oc-

avoient commencé dans le seizième siécle à en célébrer la fête. Mais le saint siége leur défendit ce culte, persuadé que la sainteté de Jean n'étoit guere mieux fondée, que sa prétendue profession dans l'Ordre des Carmes.

casion de critiquer & de décrier les ouvrages de saint Jérôme. Ce ne furent pas ces satyres qui firent rompre le silence au saint docteur. Il sçut mépriser, comme il le dit lui-même, la rage & l'acharnement de ces critiques qui font un crime non-seulement des mots, mais des syllabes; se croyant fort habiles, lorsqu'ils sçavent médire des ouvrages d'autrui (*a*). Mais un homme de qualité, nommé Ctésiphon, lui ayant demandé son sentiment sur les nouveaux dogmes qu'on répandoit; il interrompit ses autres travaux, pour combattre la nouvelle secte, par une lettre adressée au même Ctésiphon. La crainte de blesser la charité en défendant la vérité, l'empêcha d'y nommer les nouveaux docteurs. Il crut leur devoir des ménagemens qui pouvoient encore les gagner.

(a) *Præf. prima in l. Jerem.*

Saint Jérôme, si habile dans l'art de peindre, nous représente dans cette lettre, avec les traits les plus naturels, les progrès & le génie de la nouvelle héresie. Il découvre les sources empoisonnées où Pélage a puisé ses dogmes, & sur-tout celui de l'impeccance & de l'apathie. Pour trouver ces sources, il remonte jusqu'aux anciens philosophes. Il nomme ensuite Manes, Priscillien, Origene, Jovinien, Ruffin d'Aquilée, Evâgre de Pont. Il est sur-tout éloquent à décrire les artifices de la secte, & à gémir de l'entêtement des Dames du parti, qui en faisoient les principales forces. *Que veulent*, dit il, *ces misérables femmes chargées de péché, qui se laissent emporter à tous les vents des nouvelles doctrines; qui sont toujours à apprendre, sans jamais parvenir à la science de la vérité? Que veulent les fidéles compagnons de ces femmes, ces hommes curieux qui ne sçavent ni cē qu'ils entendent, ni ce qu'ils disent?... Simon le Magicien a établi son hérésie par le moyen de la courtisane Hélène. Nicolas d'Antioche, auteur de la secte la plus infame, étoit toujours accompagné de troupes de femmes. Marcion envoya devant lui à Rome une femme pour prévenir en sa faveur les esprits qu'ils vouloit séduire.*

Montan, le prédicateur de l'esprit impur, avant que d'infecter les églises de son hérésie, les séduisit par l'argent, & les artifices de Prisca & de Maximille, Dames nobles & opulentes. Arius pour séduire le monde entier, séduisit la sœur du prince. Lucille aida Donat de ses richesses à pervertir l'Afrique. Agape en Espagne conduisit Elpidius dans le précipice.... Ce mistere d'iniquité s'opere encore tous les jours : les deux sexes sont l'un à l'autre une occasion de chute (a). Nous pouvons dire avec le Prophête,

(a) *Jerem.* 17. 11.

la perdrix a appellé ; elle a ramassé autour d'elle ce qu'elle n'a point produit. Peinture naturelle de tant de femmes qui oublient si souvent les bienséances de leur sexe pour se faire les apôtres de l'erreur.

Le saint docteur presse ensuite les nouveaux sectaires sur leurs perpétuelles dissimulations: « Par-
» lez comme vous croyez, dit-il,
» au chef de la secte, prêchez
» publiquement ce que vous en-
» seignez en secret à vos disci-
» ples. Vous qui faites tant d'é-
» loges de la liberté, que ne dé-
» clarez-vous librement vos sen-
» timens ? Je n'ai pas encore écrit
» contre vous, & vous me me-
» nacez de me foudroyer par vos
» réponses. Vous croyez par-là
» m'épouvanter & me fermer la
» bouche. Vous ne prenez pas
» garde que nous écrirons contre
» vous, afin que vous autres soyez
» contraints de répondre, & de

» déclarer une fois ouvertement
» ce que vous avouez, ou taisez,
» selon les tems, les lieux & les
» personnes. C'est une victoire de
» l'Eglise que de vous faire dire
» nettement ce que vous pensez.
» Avoir découvert vos sentimens
» c'est les avoir réfutés..... Il n'y
» a que cette hérésie, qui rougit
» de dire en public, ce qu'elle
» ne craint pas d'enseigner en se-
» cret. Mais la rage des disciples
» trahit le silence des maîtres.
» Ils publient sur les toits, ce
» qu'ils ont entendu dans le se-
» cret; afin que si ce qu'ils annon-
» cent est approuvé, ce soit la
» gloire du maître, & que s'il est
» mal reçu, ce soit la faute du
» disciple. Voilà ce qui donne
» tant de cours à votre hérésie,
» & ce qui vous donne lieu de
» séduire tant de personnes, &
» sur-tout ceux qui sont attachés
» aux femmes, & qui sçavent

» qu'ils ne peuvent pécher. C'est
» que vous enseignez toujours,
» & que vous niez toujours avoir
» enseigné.

Saint Jérôme finit cette lettre par un avis bien important qu'il donne à Ctésiphon, & dont bien des personnes pourroient encore profiter. *Que ceux-là*, dit-il, *qui fournissent de l'argent aux novateurs,* sçachent qu'ils *associent par-là ensemble une troupe d'hérétiques, qu'ils suscitent des adversaires à Jesus-Christ, & qu'ils nourrissent & tiennent à leur solde ses ennemis.*

C'est que le parti n'épargnoit rien pour fournir aux besoins, & même aux commodités du chef, qui se servoit de ces libéralités pour subvenir aux dépenses communes, aux frais des livres, à la multiplication des exemplaires qu'on répandoit par-tout, & à l'entretien des pauvres disciples qui se réunissoient au tour du maître. Une des premieres vertus que les chefs de secte persuadent aux personnes riches, sur-tout aux Dames qu'ils séduisent, c'est la libéralité en faveur de la secte & du directeur.

Pélage chargea le diacre Anien de répondre à cette lettre de saint Jérôme. Il s'en acquitta par des libelles pleins d'injures & de blasphêmes, persuadé qu'un des plus sûrs moyens pour triompher de la vérité, est de décrier la personne & les ouvrages de ses défenseurs. S. Jérôme fut long-tems sans pouvoir rencontrer un exemplaire des libelles calomnieux qu'il sçavoit qu'on répandoit contre lui. Il étoit trop éclairé & trop zélé pour se laisser rebuter par des injures qui font la gloire & le mérite de ceux qui les souffrent pour la défense de la foi.

Elles ne l'empêcherent pas de mettre aux quatre premiers livres de de ſes commentaires ſur Jérémie des préfaces, où il peint avec des couleurs encore plus vives le caractere & les artifices des Pélagiens. Dans celle du premier livre (*a*), il parle de la fureur avec laquelle ils décrioient ſa perſonne, & en particulier ſon commentaire ſur l'épitre aux Ephéſiens. Mais il dit qu'ils n'ont pas vomi contre lui de nouvelles injures; qu'ils n'ont fait qu'emprunter celles des anciens hérétiques. Dans la préface du ſecond livre, il déplore le malheur des ames qui ſe laiſſent ſéduire par la nouvelle ſecte, & que l'opinion de leurs vertus, & la réputation d'une vie réformée, fait tomber dans l'orgueil. Dans celle du troiſiéme livre, il compare la nouvelle héréſie à l'hydre de Lerne, dont les têtes coupées renaiſſoient, & au

(a) *Hier. in Jerem. tom. 3.*

monstre Scylla qui avoit un visage de femme pour mieux tromper ; mais qui étoit entouré de chiens qui aboyoient sans cesse, & auprès de qui on entendoit aussi le chant des Sirenes qui attiroient dans le précipice. Il déclare qu'il s'étoit proposé de se boucher les oreilles pour ne pas entendre les clameurs des hérétiques contre lui, afin de s'appliquer entierement à l'exposition des saintes écritures ; mais il se plaint qu'on ne l'a pas laissé en repos ; que Pélage ne cesse de répandre ses calomnies dans tout l'univers ; qu'il publie contre lui des lettres en forme de livres ; qu'il assaisonne le venin de ses médisances par le miel de ses paroles ; qu'il promet la paix pour mieux faire la guerre. Il ajoute que celui qui est muet (c'est-à-dire, Ruffin mort en Sicile), ne cesse d'aboyer contre lui par le ministere d'un gros & grand dogue d'Albion (c'est-à-dire, Pélage, originaire d'Albion, ou d'Angleterre, pays renommé pour ses dogues).

Enfin, dans sa préface du quatriéme livre des mêmes commentaires sur Jérémie, après s'être plaint des progrès de la secte, non seulement en Occident, mais en Orient, & dans quelques Isles, sur-tout en Sicile & à Rhodes; il dit qu'il a été pressé par ses freres d'écrire contre elle; mais qu'il n'a pas nommé les auteurs, n'étant pas ennemi des personnes, mais des erreurs. Il reproche encore aux Pélagiens les précautions qu'ils prenoient pour cacher leurs sentimens.

L'Apôtre, dit-il, *nous ordonne d'être toujours prêt de rendre compte de notre foi.... & ces hommes fuyent le public, débitent secrétement & sans bruit leur doctrine; & cette doctrine qu'ils craignent d'avouer pour la leur, quand on l'attaque, ils en sont affligés; & si nous lançons quelques traits contre le vice & contre l'hérésie en général, ils se plaignent que c'est à eux qu'on en veut.*

Saint Jérôme finit en menaçant les Pélagiens, que s'ils ne se taisent, il les réfutera plus au long par un ouvrage exprès. Il en parle encore dans la préface du sixiéme livre sur Ezéchiel, où il dit: que l'hérésie ne meurt pas: qu'après la mort de Scylla (il entend Ruffin mort en Sicile) les chiens de Scylla ne cessent d'aboyer. Qu'on juge par ces traits de saint Jérôme, quel étoit alors, c'est-à dire, en 413. & 414. l'état du Pélagianisme en Orient.

CHAPITRE VIII.

Saint Augustin écrit à Julienne, mere de Démétriade. Il prêche à Carthage contre les Pélagiens. Hilaire en Sicile s'éléve contre les nouveautés, & le consulte. Le saint Docteur lui répond par une longue lettre, & peu de tems après il publie contre Celestius le livre de la perfection de la justice de l'homme, & contre Pélage celui de la nature & de la grace.

PÉLAGE qui répandoit furtivement tant de libelles contre saint Jérôme, ne négligeoit pas des ouvrages plus serieux, & plus capables de faire honneur à la Secte.

Démétriade, cette vierge si célébre, la plus noble & la plus riche de l'Empire-Romain, après la mort du Consul Olibrius son pere, & le ſac de Rome, dont elle avoit vû le triſte ſpectacle, avoit paſſé en Afrique avec ſa mere Julienne & ſon ayeule Proba, & y avoit conſacré à Dieu ſa virginité entre les mains de ſaint Aurele évêque de Carthage. Cette victoire de la grace, qui faiſoit triompher une jeune vierge de ce que le monde a de plus grand & de plus ſéduiſant, fut un ſujet de joie à toute l'Egliſe, & fut célébrée par les plus illuſtres Docteurs qui en faiſoient alors la gloire.

Saint Auguſtin qui avoit contribué à inſpirer ce généreux deſſein à Démétriade, en félicita Julienne qui lui avoit envoyé un préſent le jour que ſa fille avoit reçû le voile. Saint Jérôme écrivit à ce ſujet une lettre à Démétriade, où après avoir fait l'éloge de cette illuſtre vierge & de ſa famille, il lui donne des instructions convenables à l'état qu'elle avoit embrassé. Il lui recommande surtout de ne point se laisser surprendre aux artifices des nouveaux hérétiques, & de demeurer inviolablement attachée à la foi du Pape Innocent. *J'ai cru*, lui dit-il, *devoir vous recommander avec l'affection que m'inspire la charité, de vous éloigner des doctrines étrangeres, & de vous attacher à la foi de saint Innocent qui est assis sur la chaire apostolique.* Saint Jérôme ne prescrivit pas d'autre regle de foi à Démétriade : c'est-là en effet le sceau de la catholicité, & les vierges consacrées au Seigneur ont quelquefois besoin qu'on les en fasse souvenir.

Pélage voulut mêler sa voix aux applaudissemens de ces grands hommes. Il adressa à Démétriade un livre en forme de lettre, où l'élegance du stile, &

la piété des sentimens sont employées avec artifice, pour servir de voile & d'amorce à l'erreur: En quoi il a si bien réussi, que son ouvrage a été attribué pendant plusieurs siécles à saint Jérôme, & même à saint Augustin. Mais quand on connoît l'auteur, & son langage artificieux, on découvre aisément le serpent sous ces fleurs, & le venin sous le miel de la piété. Pélage emploie une partie de l'ouvrage à faire l'éloge des forces de la nature humaine, & à prouver qu'elle est bonne. Les catholiques en convenoient; mais il cherchoit à les rendre odieux. Pour y réussir, il suppose qu'ils enseignent que les commandemens de Dieu sont impossibles; & combattant avec avantage cette monstrueuse opinion qui n'a trouvé dans la suite que trop de partisans, il prononce cette sentence: *Un Dieu juste n'a pas voulu commander l'impossible, & un Dieu bon ne damnera pas l'homme pour ce qu'il n'aura pû éviter.* (*C.* 17.) Il rapporte plusieurs exemples de saints qui se sont sanctifiés sous la loi. Ensuite entrant dans le détail des instructions qu'il adresse à Démétriade, il parcourt les principaux devoirs d'une vierge chrétienne, & il n'oublie pas de lui recommander la lecture de l'Ecriture. Il assure que c'est à la priere, & même par l'ordre de la mere & de l'ayeule de Démétriade, qu'il lui écrit ces instructions; ce qui donne lieu de croire qu'il avoit trouvé accès dans cette illustre famille, alliée de la famille des Aniciens, qui étoit celle de Saint Paulin son ami. Saint Augustin le craignit; & aussi-tôt qu'il eut vû cette lettre de Pélage, il en écrivit à Julienne mere de Démétriade, l'avertissant d'éviter avec soin les opinions contraires à la grace divine. Julienne répondit qu'elle & sa maison étoit éloignée de ces nouveautés ; que sa famille avoit toujours été constamment attachée à la foi catholique, & ne s'étoit jamais engagée dans aucune secte, pas même dans celles qui paroissent n'avoir que des erreurs legeres. Saint Augustin, qui ne douta point que Julienne ne désignât par-là les Pélagiens, lui récrivit que les erreurs Pélagiennes ne pouvoient pas être mises au rang des erreurs legeres & peu importantes ; & pour lui découvrir le venin caché dans la lettre adressée à Démétriade ; il cite ces paroles de Pélage à cette vierge : *Vous avez ici dequoi vous préférer aux autres ; car la noblesse du sang & les richesses, sont moins de vous, que de vos parens* (a). *Mais il n'y a que vous qui puissiez vous*

(a) *Pelag. ep. ad Demetr.*

donner les richesses spirituelles. C'est en ces choses, qui ne peuvent être que de vous & qu'en vous, qu'il faut vous louer. On auroit pardonné ces expressions à un autre qu'à Pélage, dont les artifices étoient connus. Ce qui montre, que pour condamner une proposition, on doit avoir égard au sens de l'auteur; & que ce qui seroit innocent dans un écrivain catholique, est souvent captieux & condamnable dans un novateur.

Ce n'étoit plus seulement quelques femmes de qualité, ou quelques personnes du clergé, qui donnoient dans les nouvelles erreurs. La fausse doctrine commençoit à gagner le peuple même en Afrique. C'est pourquoi dès l'an 413. saint Aurele pria saint Augustin, qui étoit de retour à Carthage, de prêcher publiquement contre les Pélagiens. Il le fit le jour de saint Jean-Baptiste, dans la grande

Eglise, par un discours sur le baptême des enfans. Trois ou quatre jours après, à l'occasion de la fête de saint Gudence ou Gaudence martyr, il continua de parler sur le même sujet : & pour confondre les Pélagiens, il lut publiquement la lettre de saint Cyprien à Fidus (*a*). Saint Augustin ne traitoit pas encore alors d'hérétiques ceux qui nioient le péché originel. Car voici comme il en parle à la fin de ce sermon : *Obtenons, si nous pouvons, de nos freres qu'ils ne nous appellent pas hérétiques : nous pourrions peut-être donner ce nom, si nous le voulions, à ceux qui soutiennent ces opinions ; mais nous ne le faisons pas. Que* (l'Eglise) *leur mere les souffre avec compassion pour les guérir. Qu'elle les supporte pour les enseigner, de peur qu'elle ne soit obligée de les pleurer comme morts. Ils vont trop loin. C'en est trop. Il faut une*

(*a*) Ep. Cypriani, l. 3. ep. 8.

grande patience pour les souffrir plus long-tems (a). *Qu'ils n'abusent pas de cette patience de l'Eglise. On ne doit peut-être pas encore blâmer notre longanimité. Mais nous devons craindre de nous rendre coupables par notre négligence.*

Le trouble étoit encore plus grand en Sicile par la connivence de la plûpart des Evêques. Au défaut de leur zéle, un laïque de Syracuse, nommé Hilaire (Hincmar le dit moine) s'éleva avec beaucoup de courage contre ces nouveautés; & il en écrivit à saint Augustin, vers le commencement de l'année 414. Il le conjure de l'instruire sur ce que quelques personnes enseignent à Syracuse, *que l'homme peut être sans péché & garder facilement les commandemens de Dieu, s'il le veut. Qu'un enfant mort sans baptême ne peut périr avec justice, parce qu'il est né sans péché.*

(a) August. Serm. 294.

Qu'un riche, qui garde la possession de ses richesses, ne peut entrer dans le Royaume, à moins qu'il ne vende tout son bien; & qu'il ne lui sert de rien d'employer ses richesses pour observer les commandemens. Qu'on ne doit jamais jurer. Hilaire demande aussi à saint Augustin, de quelle Eglise il a été dit, qu'elle n'a ni tache ni ride; si c'est de celle où nous sommes, ou de celle que nous espérons. Il paroît que les Pélagiens agitoient cette derniere question, pour se rendre favorable le nombreux parti des Donatistes.

Saint Augustin répondit à Hilaire de Syracuse, par une lettre qu'il nomme un livre, à raison de sa longueur. Il y expose la doctrine catholique, sur tous ces articles. Il fait mention de la condamnation de Celestius au concile de Carthage, & il doute si cet héréſiarque n'est pas retourné brouiller en Sicile. En parlant sur l'abdication des richesses, le saint docteur dit de lui-même, que par la grace de Dieu, il a suivi le conseil donné au jeune homme de l'Evangile, de vendre ses biens & de les donner aux pauvres. *Et quoique je n'aie pas été riche,* ajoute-t'il (a), *je n'en recevrai pas une moindre récompense, parce qu'on quitte le monde entier, quand on quitte ce qu'on posséde, & ce qu'on désire de posséder.*

Quelque-tems après, Paul & Eutrope, deux Evêques d'Espagne, à ce qu'on croit, envoyerent à saint Augustin l'écrit de Celestius sur l'impeccance, duquel on a parlé, afin qu'il y répondît. Car on s'adressoit à lui de toutes les parties de l'Occident, & il faisoit face à tous les ennemis de l'Eglise, qu'on lui dénonçoit. Il réfuta l'écrit en question par le livre *de la*

(a) *Ep. ad Hilarium Syracus. n.* 39.

perfection de la Justice de l'Homme.
Le stile serré & précis du Docteur Pélagien l'obligea de répondre avec la même précision. Il rapporte article par article les raisonnemens ou définitions de son adversaire; & joignant à chacune une réponse aussi solide que subtile, il dissipe également, avec le flambeau de la foi, les ténébres de l'erreur, & les fausses lueurs de la raison.

Le fameux livre de Pélage *de la Nature*, tomba vers le même tems entre les mains du docteur de la Grace, & lui fournit la matiere de nouveaux travaux. Jacques & Timaise, les deux jeunes moines Siciliens, que Pélage avoit engagés à la secte, ayant eû le bonheur de reconnoître la vérité, ne rougirent pas de s'y rendre; & pour gage de la sincérité de leur conversion, ils remirent à saint Augustin le livre qui les avoit séduits, & le prierent de le réfuter. Il le fit par un grand ouvrage intitulé *de la Nature & de la Grace*, qu'il leur adressa. Il y traite encore les Pélagiens avec beaucoup de ménagement; il les nomme ses amis (*c.* 6.), & reconnoît qu'ils ont beaucoup d'esprit & de pénétration. Saint Augustin montre dans cet ouvrage que la nature a besoin de la grace, & que cette grace lui est donnée gratuitement. Il réfute pied à pied le livre de Pélage, dont il rapporte les propres paroles. Le saint docteur y reconnoît que *Dieu n'abandonne que ceux qui sont dignes d'être abandonnés* (*c.* 23.); qu'*il n'abandonne point si l'on ne l'abandonne* (*c.* 26.); que *Dieu ne commande pas l'impossible*, *mais qu'en commandant, il avertit de faire ce qu'on peut, & de demander ce qu'on ne peut point* (c. 43.); qu'*un Dieu juste & bon n'a pû commander l'im-*

possible (c. 68.). Il montre que la nécessité est incompatible avec le mérite & le démérite : *Qui est-ce*, dit-il, *qui n'embrasse pas de tout son cœur cette sentence du vénérable prêtre Jérôme* (c. 65.) : » Dieu nous a » créés libres, nous ne sommes » pas entraînés par la nécessité » aux vertus ni aux vices ; autre» ment, où il y a nécessité, il n'y » a pas de couronne » (*a*). Il rapporte & approuve ce qu'il a dit là dessus dans le livre du libre arbitre (c. 36.). *On ne vous impute pas à péché ce que vous ignorez malgré vous ; mais on vous impute votre négligence à vous instruire de ce que vous ignorez.* En établissant que personne n'a jamais été sans péché, il excepte la sainte Vierge, *de laquelle*, dit-il, *lorsqu'il s'agit de péché, je ne prétends nullement parler pour l'honneur du Seigneur.* Ce livre commencé vers le printems de

(a) *Hier. l. 2. contra Jovinian.*

l'an 415. n'étoit pas encore achevé, lorsque saint Augustin écrivit à saint Jérôme pour le sujet qu'on va exposer.

CHAPITRE IX.

Embarras de saint Augustin sur l'origine des ames. Il consulte saint Jérôme. Conduite de Jean de Jérusalem, à l'égard des Pélagiens & d'Orose. Orose publie son apologie.

QUELQUE avantage que la vérité & la supériorité de génie donnassent au docteur de la grace dans les combats qu'il livroit aux Pélagiens; une difficulté qui avoit rapport au dogme du péché originel, & sur laquelle il ne pouvoit se déterminer, l'embarrassoit toujours. C'étoit l'origine des ames. Le tribun Marcellin, en arrivant en Afrique l'an 411. avoit écrit en Palestine à saint Jérôme, pour sçavoir son sentiment sur une question si obscure, & que les disputes de l'Origénisme & du Pélagianisme rendoient alors aussi curieuse qu'importante. On ne peut mieux faire connoître l'état de la question & le partage des sentimens, qu'en rapportant la maniere dont saint Jérôme répondit à Marcellin. *Je n'ai pas oublié*, dit-il, *la petite, ou plutôt la grande question que vous m'avez proposée sur l'état de l'ame ; à sçavoir si elle est tombée du ciel, comme Pythagore, les Platoniciens & Origene le prétendent ; si elle est une partie de la substance même de Dieu, comme le disent les Stoïciens & les Priscillianistes d'Espagne* (a) ; *ou si les ames ayant été créées tout à la fois, sont gardées par le Seigneur dans quel-*

(a) *Hier. epist. ad Marcel. inter Augustini epistolas, epist. 165.*

que lieu comme dans un réservoir, ainsi que quelques auteurs ecclésiastiques se le sont follement persuadé; si Dieu les crée à mesure qu'il les unit aux corps; ou enfin si elles naissent par la propagation, ainsi que Tertullien, Apollinaire & une grande partie des Occidentaux le croyent; ensorte que comme le corps naît du corps, l'ame naisse aussi de l'ame. C'est ainsi que saint Jérôme expose l'état de la question; mais il ne la résout qu'en renvoyant Marcellin à ses livres contre Ruffin, où il a embrassé le sentiment que Dieu crée les ames à mesure qu'il les envoie dans les corps. Il lui ajoute (*ibid.*): *Vous avez auprès de vous l'évêque Augustin, qui est un saint & un sçavant prélat; il pourra vous instruire de vive voix, vous expliquer par lui-même son sentiment, & même le mien.*

Marcellin qui avoit déja consulté l'Evêque d'Hippone, lui

fit part de cette réponse. Elle ne tira pas saint Augustin d'embarras. Il penchoit quelquefois vers le sentiment de saint Jérôme ; mais il n'osoit l'embrasser, trouvant de la difficulté d'expliquer le péché originel dans ce sentiment ; & il cherchoit l'occasion de consulter ce saint docteur pour en recevoir l'éclaircissement de ses doutes, lorsque le prêtre Orose vint d'Espagne en Afrique pour le consulter lui-même sur l'hérésie des Priscillianistes. Une de leurs erreurs concernoit l'origine des ames, qu'ils prétendoient être la substance même de Dieu. La facilité de détruire cette extravagance ne rendoit pas plus aisé d'établir le véritable sentiment. Augustin qui n'osa instruire Orose sur un point qu'il ne sçavoit pas assez, l'engagea d'aller trouver saint Jérôme dans sa retraite de Bethléem, & lui fit promettre de repasser par l'Afrique, pour lui faire part des instructions qu'il auroit reçues du docteur le plus versé que l'Eglise ait eû dans la science des saintes écritures.

Il chargea Orose de deux lettres pour saint Jérôme. Dans l'une, il le prioit de lui donner l'explication du passage de l'épitre de saint Jacques (*a*). *Celui qui manque en un seul point, se rend coupable sur tout le reste.* L'autre lettre étoit uniquement destinée à proposer ses doutes sur l'origine des ames. Saint Augustin dit d'abord qu'il ne rougit pas de consulter, quelque avancé qu'il soit en âge, parce qu'il n'est jamais trop tard d'apprendre. Il ajoute qu'il tient que l'ame est immortelle, mais qu'elle n'est pas la substance de Dieu : qu'elle est spirituelle, qu'elle n'est jamais nécessitée au péché, qu'elle ne peut être délivrée que

(a) *Epist. Jac.* 2. 10.

par la grace de Jesus-Christ. *Mais je demande*, dit-il, *où l'ame a contracté le péché qui l'a fait condamner même dans un enfant mort sans baptême.... Vous croyez que Dieu crée les ames à mesure qu'il les unit au corps.... Je désire que ce soit là mon sentiment ; mais je n'assure pas encore que ce le soit..... Expliquez-moi donc, je vous prie, enseignez-moi ce que je dois tenir ; dites-moi, si les ames sont créées à mesure qu'elles sont unies aux corps, ou péchent-elles dans les enfans ?.... Ou si elles ne péchent pas, comment un Dieu juste les condamne-t'il pour le péché d'autrui ?* Saint Augustin avoue qu'il n'y a que cette difficulté qui l'empêche d'embrasser ce sentiment, & il souhaite que S. Jérôme y réponde si bien, qu'il ne soit pas obligé de recourir à l'opinion de la propagation des ames. Il finit sa lettre en déclarant que, quoiqu'il ne sçache pas encore laquelle de ces

ces opinions est vraie, il est assuré que celle qui est vraie, n'est pas contraire à la foi du péché originel. Outre ces lettres, dont saint Augustin chargea Orose, il lui donna un exemplaire de sa lettre à Hilaire, & de quelques autres ouvrages contre les Pélagiens, afin qu'il les fit voir en Palestine.

Orose arriva à Jérusalem au printems de l'an 415. Il y trouva les affaires de la Religion dans l'état qu'on a marqué, & où elles ne pouvoient manquer d'être, sous un prélat favorable à l'erreur. Il alla en gémir devant le Seigneur avec saint Jérôme dans sa solitude de Bethléem, & prendre les leçons d'un maître qu'il étoit venu chercher de si loin. Le saint Docteur travailloit alors à ses dialogues contre les Pélagiens. Il fut bien aise d'apprendre d'Orose le détail de ce qui s'étoit passé en Afrique contre Celestius & plusieurs autres particularités qu'on ignoroit en Palestine. La vigilance & le zéle des Evêques Afriquains fit mieux sentir la connivence & la lache dissimulation de l'Evêque de Jérusalem. Les catholiques en murmurerent, & le Clergé se divisa. L'Evêque qui vouloit prévenir l'éclat, assembla son clergé à ce sujet, le 30 Juillet de la même année 415. Orose y fut mandé de Bethléem, & on le pria d'exposer à l'assemblée ce qui s'étoit passé en Afrique touchant la nouvelle hérésie. Il raconta en peu de mots la maniere dont Celestius avoit été convaincu & condamné au concile de Carthage, & comment Pélage avoit été découvert par deux de ses disciples, qui avoient livré son livre *de la Nature*, à la réfutation duquel saint Augustin travailloit actuellement. Il ajouta qu'il avoit en main la lettre de saint Augustin à Hilaire de Syracuse, & que, si l'on jugeoit à propos, il en feroit la lecture. On lui ordonna de la lire, après quoi l'Evêque de Jérusalem fit entrer Pélage pour lui donner lieu de se justifier, & quoique simple laïque il le fit asseoir parmi les prêtres. On demanda à Pélage s'il reconnoissoit avoir enseigné la doctrine que l'Evêque Augustin avoit réfutée. Il répondit : *Qu'est-ce que m'est Augustin ?* On s'écria qu'il blasphémoit contre un évêque, dont Dieu s'étoit servi pour réunir l'église d'Afrique ; qu'il falloit non seulement le chasser de l'assemblée, mais de l'Eglise. L'Evêque de Jérusalem dit : *C'est moi qui suis Augustin.* Orose répondit : *Si vous représentez la personne d'Augustin, suivez-en les sentimens.* L'Evêque demanda des preuves que la doctrine que saint Augustin avoit réfutée étoit celle de Pélage. Orose répondit : *Pélage m'a dit qu'il enseignoit que l'homme peut être sans péché, & garder facilement les commandemens, s'il le veut.* Pélage dit : *Je ne nie pas que je l'aye dit.* Orose répondit : *Le concile d'Afrique a détesté cette doctrine dans Celestius ; Augustin, comme vous avez entendu, l'a réfutée ; & saint Jérôme, qui a déja terrassé tant d'hérétiques, & dont l'Occident reçoit les discours comme une toison reçoit la rosée, a combattu la même doctrine dans sa lettre à Ctesiphon, & il est encore occupé à la réfuter dans un ouvrage qu'il compose en forme de dialogues.*

On ne trouve jamais assez de preuves pour condamner un novateur qu'on protége. L'Evêque Jean vouloit qu'Orose & les autres prêtres catholiques, apparemment du monastere de saint Jérôme, se portassent pour accuſateurs dans cette affaire. Ils répondirent qu'ils s'en tenoient au ſentiment des Evêques, & comme l'Evêque les preſſoit de déclarer le leur, Oroſe lui fit cette belle réponſe, que le clergé du ſecond ordre devroit toujours faire à ceux qui tâchent de le ſoulever contre l'épiſcopat. *Nous ſommes les enfans de l'égliſe catholique, n'exigez pas de nous, que nous ayons l'audace de nous faire docteurs au-deſſus des docteurs, & jugés au-deſſus des juges. Nos peres,* (les Evêques,) *que l'Egliſe univerſelle approuve, & avec qui vous êtes bien-aiſe d'être en communion, ont jugé que ces dogmes étoient pernicieux; il eſt juſte que nous leur obéiſſions. Pourquoi interrogez-vous les enfans pour ſçavoir leur ſentiment, quand vous entendez ce que les peres décident?* Après quelques-autres conteſtations, l'Evêque dit que, puiſque Pélage admettoit le ſecours de la grace pour éviter le péché, on ne pouvoit trouver à redire à sa proposition. Les catholiques qui connoissoient les artifices de Pélage, & la connivence du prélat, s'écrierent que puisque l'hérétique étoit latin, il falloit qu'il fut jugé par les évêques latins, qu'il n'étoit pas juste que celui qui étoit le patron de l'hérésie, en fut le juge. Une protestation si hardie obligea Jean de Jérusalem de prononcer que l'affaire seroit portée au pape Innocent, & qu'en attendant sa décision, à laquelle tout le monde se soumettroit, les deux partis garderoient un silence exact.

On ne défend pas impunément la vérité sous les yeux d'un prélat favorable à l'erreur. Quarante-sept jours après cette assemblée, Orose s'étant rendu auprès de l'Evêque Jean pour la fête de la Dédicace qu'on célébroit à Jérusalem, selon Nicephore, le quatorziéme de Septembre, ce prélat qui ne pouvoit lui pardonner son zele, lui fit de vifs reproches en présence de tout son clergé. *Comment*, lui dit-il, *osez-vous paroître devant moi, après les blasphêmes que vous avez proférés. Je vous ai entendu dire que l'homme ne peut être sans péché, même avec le secours de la grace.* Orose nia qu'il eut jamais avancé cette proposition, & il publia pour s'en justifier l'apologie dont nous avons tiré tout ce que nous avons rapporté de l'assemblée de Jérusalem. Cette apologie est digne d'un disciple de saint Augustin & de saint Jérôme. Orose la commence par montrer l'injustice de la calomnie dont on l'avoit noirci, & il en rejette plutôt la faute sur l'infidélité de l'interprête que sur l'Evêque. Il fait ensuite le caractere de Pélage, qu'il dépeint comme un homme de bonne chere, qui prêchoit cependant la morale févére. Il nous apprend que ce fectaire étoit borgne. Il réfute avec indignation ce que Pélage imputoit aux catholiques, de croire que Dieu commande l'impossible, & que la nature est mauvaise. Sur quoi Orose dit, que la grace ne manque pas au besoin, & que Dieu donne des graces intérieures & spéciales, non-seulement aux fidéles, mais encore à tous & à chacun des infidéles (*a*). Ces sentimens qui n'accommodoient nullement le systême de Jansénius, Evêque d'Ypres, lui ont fait prendre le parti d'accuser de supposition cet ouvrage d'Orose.

Vastel & Lezana, tous deux Carmes, ont aussi tâché de le rendre suspect ; apparemment parce qu'il rapporte des faits qui

(a) *Oros. l. 6. apolog. t. 6. Biblioth. patrum edit. Lugd. p. 451.*

ne font pas honneur à Jean de Jérusalem, qu'ils regardent comme un de leurs confreres. Mais tous les catholiques en ont jugé autrement.

CHAPITRE X.

Dialogues de saint Jérôme contre les Pélagiens. Précis de cet ouvrage. Pélage y répond. Eros & Lazare, deux Prélats réfugiés en Palestine, dénoncent Pélage au concile de Diospolis. Histoire abrégée de ce concile.

LA prétendue pacification qui imposoit silence aux deux partis ne fit qu'augmenter le trouble. C'est le sort des accommodemens en matiere de religion, qui ne sont pas fondés sur la soumission entiere des novateurs. Saint Jérôme crut que ce seroit trahir la vérité, que de garder cette treve. Il se pressa de donner au public ses dialogues contre Pélage, méprisant, pour défendre la foi, le ressentiment d'un Evêque puissant & accrédité. On accusoit le saint Docteur de n'écrire contre les auteurs Pélagiens, que par jalousie de leur réputation : il commence par réfuter cette calomnie dans une préface qui est à la tête de l'ouvrage : *Je répondrai en peu de mots*, dit-il, *que je n'ai jamais pardonné aux hérétiques, & que j'ai toujours tâché que les ennemis de l'église devinssent les miens.... On veut que je sois jaloux de la gloire des autres, & que je sois assez malheureux pour porter envie à ceux même qui n'en méritent aucune. C'est ce qui m'a engagé à me servir des noms empruntés d'Atticus & de Critobule, pour montrer que ce sont les erreurs que je hais, & non les personnes.* Il se justifie ensuite de ce qu'il ose écrire sur ces matieres malgré la défense. Surquoi il dit que *c'est un moindre péché de suivre un mauvais parti qu'on croit bon, que de n'oser défendre un bon parti qu'on connoit tel.* Et en faisant allusion à la prétendue pacification que l'Evêque de Jérusalem avoit faite, il dit qu'il faut craindre qu'*une fausse paix n'enleve les avantages que la guerre a conservés.*

Ces dialogues sont divisés en trois livres. Saint Jérôme, sous le nom d'Atticus, y poursuit Pélage, sous le nom de Critobule, dans tous ses détours. La dispute ne roule guères que sur l'impeccance, c'est-à-dire, sur les forces que Pélage attribuoit à la nature, pour éviter tout péché. Critobule convient d'abord que c'est un blasphême de dire, qu'on peut éviter le péché sans la grace; mais il n'explique cette grace que de la création, & que de la conservation du libre arbitre. Il demande si les commandemens de Dieu sont possibles ou impossibles. Saint Jérôme, sous le nom d'Atticus répond, qu'il faut reconnoître que les commandemens de Dieu sont possibles; qu'autrement Dieu seroit auteur de l'injustice, s'il exigeoit que l'on fit ce qui ne peut être fait. Le saint Docteur examine & réfute en passant plusieurs maximes, tirées du livre des Témoignages de Pélage, la plûpart d'une sévérité outrée, comme on a pû voir par celles qu'on en a rapportées. Mais il faut reconnoître que la chaleur de la dispute l'a emporté lui-même trop loin, puisqu'il fait un crime à Pélage d'avoir dit (*a*), qu'*au jour du jugement on ne pardonnera pas aux méchans & aux pécheurs, mais qu'ils seront livrés à des feux éternels.*

(a) *Pélage. 72. tit. apud Hier. l. 1. Dialog.*

Il ne dit qu'un mot en finissant du péché originel, parce qu'il croit que saint Augustin a assez discuté cette matiere. Il fait mention de la lettre à Hilaire de Syracuse, & des livres adressés à Marcellin, qu'il dit avoir été mis à mort par les hérétiques. C'est qu'il s'étoit passé en Afrique une scene bien triste. Marcellin qui avoit si bien mérité de la religion & de l'état, ayant été accusé par les hérétiques, d'avoir trempé dans la conjuration d'Héraclien, avoit été condamné à mort par le comte Marin, & exécuté le 13 Septembre de l'an 413, malgré les vives sollicitations de saint Augustin, & des autres Evêques d'Afrique. L'église l'honore comme martyr le sixiéme d'Avril.

Pélage ne laissa pas sans réponses les dialogues de saint Jérôme. Il y opposa quatre livres sur le libre arbitre, qui ne tendent qu'à relever les forces de la nature, & à déprimer celles de la grace, qu'il suppose n'être donnée que pour une plus grande facilité au bien. Il crut cette réponse d'autant plus nécessaire qu'il ne pouvoit ignorer que les dialogues écrits contre lui faisoient impression sur les esprits, & qu'on publioit qu'il n'y pourroit répondre, sur-tout en ce qui concerne le libre arbitre. C'est ainsi que Julien en parle à saint Augustin. (a) *Vous vous glorifiez tellement de cet ouvrage* (de Jérôme), lui dit-il, *que vous publiez dans la lettre que vous avez écrite à Alexandrie, que Pélage est accablé dans ces dialogues par une foule de passages de l'Ecriture, & qu'il ne peut plus défendre le libre arbitre. Mais cet homme si catholique a répondu à un ouvrage où il étoit si mal traité.* Ces livres de Pélage sur le libre arbitre paroissent assez bien

(a) L. 4. oper. imp. c. 88.

écrits, & l'on s'apperçoit qu'Anien retouchoit les ouvrages de son maître.

Saint Jérôme, qui sçavoit bien que les disputes contre les hérétiques ne se terminent point par des écrits, ne borna pas son zele à écrire contre les Pélagiens. Il prit des mesures auprès des Evêques, pour les faire condamner. Du moins il y a lieu de croire que ce fut lui qui engagea deux prélats réfugiés en Palestine à déférer cette hérésie au concile qui se tint à Diospolis sur la fin de l'année 415. peu de tems après la publication de ses dialogues. Ces deux Evêques étoient Eros & Lazare, que les mêmes avantures, & peut-être les mêmes crimes, avoient rendus amis, avant que le même zele les unit contre l'erreur. Tous deux avoient suivi dans les Gaules le parti du tyran Constantin, & par sa protection de ce prince, ils y étoient parvenus à l'épiscopat. Mais ils tomberent avec leur protecteur, mort l'an 411. Lazare, qu'on croit avoir été prêtre de l'eglise de Tours, avoit été convaincu d'avoir calomnié S. Brice, évêque de cette ville, & avoit été condamné pour ce sujet au concile de Turin (a) par Procule. Il fut ensuite ordonné évêque par le même Procule, & dans un tems de troubles, il usurpa le siége épiscopal d'Aix, encore tout sanglant du sang de son prédécesseur (b). Pour Eros, il avoit été disciple de saint Martin (c), & il étoit monté sur le siege d'Arles par violence, malgré le peuple & le clergé. Il en fut chassé après la mort de Constantin, & se sauva avec Lazare en Palestine. Tels étoient les deux

(a) *En 401.*
(b) *Zosimus, ep. ad Afric.*
(c) *Mort en 400.*

prélats, qui se firent les dénonciateurs de Pélage *(a)*. Saint Augustin naturellement prévenu en faveur de ceux qui combattoient l'hérésie Pélagienne, les excuse. Et saint Prosper dans sa chronique parle d'Eros comme d'un S. évêque *(b)*. Le pape Zozime les traite d'hommes inquiets, & couverts de crimes, excommuniés par le saint Siege. Il les nomme *des tourbillons & des tempêtes de l'Eglise*. Mais Dieu se sert souvent des tempêtes pour précipiter les impies dans la mer; & un Evêque, qui avec des mœurs peu réglées, montre un zele éclairé contre l'erreur, est moins coupable devant Dieu, & plus utile à l'église, que celui qui menant une vie édifiante, se dissimuleroit les progrès de l'hérésie, de peur de se voir obligé de s'y opposer.

(a) *August. l. de gestis Palest. c. 16.*
(b) *Zosimus, ep. ad Africanos.*

Les deux prélats déférerent la doctrine de Pélage au concile qui se tint à Diospolis, le 20 de Décembre l'an 415. C'étoit une ville épiscopale de la Palestine de Césarée, nommée Lydde par les anciens. Le concile qui s'y assembla, apparemment pour l'ordination de l'Evêque de cette ville, étoit composé de 14 Evêques. Ceux dont on connoît les siéges sont, Euloge de Césarée, métropolitain & président du concile, Jean de Jérusalem, Porphyre de Gaze, Eutone ou Eleuthere de Jérico, Zoboene d'Eleutheropolis, Eleuthere de Sebaste, Fidus de Joppé, Jovin d'Ascalone. Les autres dont les siéges sont inconnus sont, Ammonien, un autre Porphyre, Zosime, Nymphidius, Chromace, & Clémace. Eros & Lazare ne jugerent pas à propos de se rendre au concile pour accuser Pélage. Ils se contenterent d'y envoyer un mémoire contre lui, alléguant pour prétexte, vrai ou faux, de leur absence, la maladie de l'un d'eux. Peut-être craignirent-ils d'être traités au concile comme des évêques déposés & excommuniés. Le prêtre Orose ne s'y trouva pas non plus. On admit la dénonciation des deux Evêques, & Pélage fut cité pour se justifier. Mais le crédit & les intrigues de l'Evêque de Jérusalem avoient prévenu les juges en sa faveur. Il comparut avec confiance, accompagné de son disciple Anien, qui lui servit d'interprête. On a cru devoir ici rapporter les actes de ce concile qui ont été recueillis de divers endroits d'un ouvrage de saint Augustin.

On lut la dénonciation des deux prélats. Le premier article contenoit cette proposition tirée d'un des livres de Pélage : *On ne peut être sans péché sans avoir la science de la loi.* Sur quoi le concile dit : Pélage, avez vous avancé cette proposition (*a*) ? Il répondit : Je l'ai dit, il est vrai ; mais non pas dans le sens qu'ils l'entendent. Je n'ai pas dit que celui qui a la science de la loi ne puisse pécher ; mais qu'il est aidé à ne point pécher par la science de la loi, selon qu'il est écrit : *il leur a donné la loi pour les aider.* Le concile dit : la réponse de Pélage n'est pas contraire au sentiment de l'Eglise. Qu'on lise un autre article, & on lut cette autre proposition de Pélage, tirée du même ouvrage : *Tous les hommes sont conduits par leur propre volonté.* Pélage répondit (*ibid. c. 2.*) : Je l'ai dit, à cause du libre arbitre, que Dieu aide lorsqu'il choisit le bien. Pour celui qui péche, c'est sa faute, puisqu'il a le libre arbitre. Les

(a) *August. de gestis Pelag. c. 1.*

Evêques dirent : Il n'y a rien non plus en cela de contraire à la doctrine de l'Eglise.

On lut ensuite que Pélage avoit dit qu'*au jour du jugement, on ne pardonneroit pas aux pécheurs & aux méchans* (*ibid. c. 3.*). Pélage répondit : Je l'ai dit selon l'évangile, où il est dit des pécheurs : *Ceux-ci iront dans les supplices éternels, & les justes dans la vie éternelle* (*a*). Si quelqu'un pense autrement, il est Origéniste ; & le concile dit : cela est encore conforme aux sentimens de l'Eglise.

On objecta aussi à Pélage d'avoir dit dans son livre, que *le mal ne vient pas même en pensée*. Il répondit : nous n'avons jamais parlé ainsi ; mais nous avons dit qu'un chrétien doit travailler à n'avoir pas même de mauvaises pensées (*ibid. c. 4.*). Ce que les Evêques approuverent. On lut un autre ex-

(a) *Mat.* 25. 46.

trait de son livre, où il dit que *le royaume des cieux avoit été aussi promis dans l'ancien Testament*. Pélage répondit : on peut le prouver par l'Ecriture. Les hérétiques le nient pour faire outrage à l'ancien Testament. Mais j'ai suivi en cela l'autorité des saintes écritures, puisqu'il est écrit dans le prophête Daniel : *Les Saints recevront en partage le royaume du Très-haut* (*a*). Le concile entendant cette réponse dit : Il n'y a rien là de contraire à la foi catholique.

On objecta ensuite que Pélage avoit dit dans le même ouvrage, que *l'homme peut, s'il le veut, être sans péché* (*ibid. c.* 4.); & qu'il avoit porté la flatterie en écrivant à une veuve, jusqu'à lui parler ainsi: *Que la piété qui ne trouve d'azile nulle part, en trouve chez vous ; que la justice exilée de tous les lieux, trouve place auprès de vous ; que la vérité*

(a) *Dan.* 7. 22.

que personne ne connoit plus, habite chez-vous; que la loi de Dieu, qui est méprisée par presque tous les hommes, soit honorée par vous seule.... Et que dans un autre livre, à la même veuve, après avoir rapporté l'Oraison Dominicale, enseignant la maniere dont les Saints doivent prier, il dit: *Celui-là leve dignement les mains au ciel, & fait sa priere avec une bonne conscience, lequel peut dire: vous sçavez, Seigneur, combien les mains que je leve vers vous sont saintes & innocentes; combien elles sont pures d'iniquité & de rapine; combien les lévres avec lesquelles je vous prie d'avoir pitié de moi, sont pures & exemptes de mensonge.* Pélage répondit à ces accusations: Il est vrai que nous avons dit que l'homme peut-être sans péché, & garder, s'il le veut, les commandemens de Dieu. Car Dieu lui a donné ce pouvoir. Mais nous n'avons pas dit qu'on trouve quelqu'un, qui depuis l'enfance jusqu'à la vieillesse n'ait jamais péché. Nous avons dit que quand on s'est converti de ses péchés, on peut par son travail & par la grace de Dieu, vivre sans péché; sans que pour cela on soit dans la suite impeccable. Pour les autres choses qu'ils ont ajoutées, elles ne sont pas dans nos écrits, & nous n'avons jamais rien dit de semblable. Le concile dit: puisque vous assurez n'avoir jamais rien écrit de semblable, anathématisez ceux qui tiennent ce langage. Pélage dit: Je les anathématise comme des insensés & non comme des hérétiques, puisque ce n'est pas un dogme. Les Evêques dirent: puisque Pélage a anathématisé les propositions extravagantes qu'on vient de rapporter; & qu'il a répondu que c'est avec le secours de Dieu, & avec la grace que l'homme peut être sans

sans péché, qu'il réponde aux autres articles.

On lui objecta donc plusieurs propositions de Celestius son disciple (*ibid. c.* 11.). Qu'*Adam avoit été créé mortel, & devoit mourir, soit qu'il péchât, ou qu'il ne péchât pas.* Que *le péché d'Adam n'a nui qu'à lui-même, & nullement au genre humain.* Qu'*on parvient au Royaume de Dieu par la loi aussi-bien que par l'Evangile.* Que *les enfans nouveaux nez sont dans le même état où étoit Adam avant sa prévarication.* Que *tous les hommes ne meurent pas tous par la prévarication d'Adam, & qu'ils ne ressusciteront pas tous par la vertu de la résurrection de Jesus-Christ.* L'on fit remarquer que ces propositions avoient été examinées & condamnées par Aurele & les autres Evêques du concile de Carthage. On y joignit quelques autres propositions envoyées à Augustin, de Sicile ou ces questions troubloient les consciences. A sçavoir, que *l'homme peut être sans péché, s'il le veut.* Que *les enfans morts sans baptême obtiennent la vie éternelle.* Que *si les riches qui ont reçu le baptême ne renonçent à tous leurs biens, quelques bonnes œuvres qu'ils paroissent faire, elles ne sont d'aucun mérite, & qu'ils ne peuvent avoir part au royaume de Dieu.* Pélage répondit : on a déja dit que l'homme peut être sans péché ; & pour ce qui concerne la question, s'il y a eu des hommes sans péché avant le premier avénement du Seigneur, nous disons suivant la tradition des saintes écritures, qu'avant Jesus-Christ il y a eu des hommes qui ont vécu saintement & selon la justice. Quant aux autres propositions ; de l'aveu de mes accusateurs, elles ne sont pas de moi, & je ne dois pas en répondre. Cependant pour satisfaire le saint concile, j'anathématise ceux qui les tiennent, ou qui les ont jamais tenues. Le concile dit : Pélage qui est ici présent, a suffisamment satisfait touchant ces articles, anathématisant ce qui n'est pas de lui.

On reprocha ensuite à Pélage d'avoir dit, que *l'Eglise est sur la terre sans tache & sans ride* (*c.* 12.) : Il répondit : Nous avons parlé ainsi, parce que l'Eglise a été lavée de toute tache dans le baptême, & que le Seigneur veut qu'elle demeure en cet état. Le concile dit : c'est aussi notre sentiment.

(*C.* 13.) On objecta aussi à Pélage des propositions extraites du livre de Celestius, plutôt selon le sens qu'elles renfermoient, que selon les termes dans lesquels elles étoient conçues, n'ayant pû être rapportées tout au long dans le mémoire présenté au concile ; & on lut que Celestius avoit dit dans le premier chapitre de son livre, que *nous faisons plus qu'il ne nous est commandé dans la loi & dans l'Evangile*. Pélage répondit : Ils ont rapporté cette proposition comme de nous. Nous n'avons parlé ainsi que dans le sens de l'Apôtre, qui a dit de la virginité : *Je n'ai point là-dessus de commandement du Seigneur* (a). Le concile dit : l'Eglise reçoit cette doctrine.

(*b*) On passa à des chefs d'accusation plus importans, & l'on reprocha à Pélage que Celestius avoit dit dans le troisiéme chapitre, que *la grace & le secours de Dieu ne sont pas donnés à chaque action, mais que cette grace & ce secours consistent dans la loi & dans la doctrine*. Que *la grace de Dieu est donnée selon nos mérites, parce que Dieu paroît injuste s'il la donne au méchant*. D'où Celestius tiroit cet-

(a) 1. *Cor.* 7.
(b) *De gestis Pel. c.* 14.

te conséquence : *C'est pourquoi la grace dépend de ma volonté pour que je m'en rende digne ou indigne. Car si nous faisons tout par le moyen de la grace, quand nous sommes vaincus par le péché ; ce n'est pas nous qui sommes vaincus, mais la grace de Dieu qui a voulu nous aider en toute maniere, & qui n'a pû.* Et cette autre : *si quand nous résistons au péché, c'est l'effet de la grace divine ; quand nous sommes vaincus par le péché, c'est donc la faute de la grace, qui n'a pas voulu, ou qui n'a pû nous en préserver entierement.* Pélage répondit : Je laisse à juger à ceux qui prétendent que ces propositions sont de Celestius, s'ils disent la vérité : pour moi je n'ai jamais crû ainsi, & j'anathématise celui qui croit de la sorte. Les Evêques dirent : le saint concile vous reçoit, puisque vous condamnez ces mauvaises propositions.

(*Ibid. c.* 14.) On dit ensuite,

que Celestius prétendoit dans le cinquiéme chapitre, que *chacun pouvoit avoir toutes les vertus & toutes les graces*; qu'il ôtoit ainsi la diversité des graces dont parle l'Apôtre. Pelage répondit: Nous avons dit cela; mais il y a de la malignité & de l'ignorance à y trouver à redire. Car nous n'ôtons pas la diversité des graces; mais nous disons que Dieu donne toutes les graces à celui qui a mérité de les recevoir, comme il les a données à saint Paul. Le concile dit: Vous parlez conséquemment, & vous avez des sentimens catholiques sur le don des graces accordé à l'Apôtre.

On passa aux autres objections contre Celestius (*ibid. c.* 18.). On l'accusa d'enseigner dans le sixiéme chapitre, qu'*on ne peut être appellé enfant de Dieu qu'on ne soit entierement exempt de péché*; dans le septiéme, que *l'oubli & l'ignorance ne sont pas sujets au péché, parce qu'ils n'arrivent pas selon la volonté, mais selon la nécessité*; dans le dixiéme, qu'*il n'y a plus de libre arbitre, s'il a besoin du secours de Dieu, parce que chacun a dans sa volonté le pouvoir d'agir ou de ne pas agir*; dans le douziéme, *que notre victoire ne vient pas de la grace de Dieu, mais de notre libre arbitre.* Ce qu'il a exprimé en ces termes : *La victoire vient de nous, puisque nous avons pris les armes de notre propre volonté; & quand nous sommes vaincus, la défaite vient de nous, puisque nous avons, de notre volonté, méprisé de nous armer.* Et sur ce passage où saint Pierre dit, que nous sommes participans de la nature divine, il fait le raisonnement suivant, *si l'ame ne peut être sans péché, Dieu est donc sujet au péché, puisque l'ame, qui est une partie de Dieu, est sujette au péché.* On l'accusa encore d'avoir dit dans le treiziéme chapitre, que *le pardon n'est pas accordé aux pénitens selon la grace & la miséricorde, mais selon les mérites & le travail de ceux qui se rendent dignes de la miséricorde.*

(*Ibid. c.* 19.) Après la lecture de ces articles, le concile dit : Que répond le moine Pélage ici présent, sur les articles qui ont été lûs ? Car le concile & l'Eglise catholique les rejettent. Pélage répondit: je le dis encore une fois; de l'aveu de mes adversaires, ces articles ne sont pas de moi, & je ne dois pas en répondre. Pour les propositions que j'ai reconnu être de moi, je soutiens qu'elles sont bonnes. Mais celles que j'ai reconnu n'être pas de moi, je les rejette, selon le jugement de la sainte Eglise, disant anathême à tout homme qui s'éleve contre la doctrine de l'Eglise catholique. Car je crois la Trinité consubstantielle, & j'embrasse tous les sentimens de l'Eglise catholique. Si quelqu'un croit autrement, qu'il soit anathême.

(*C.* 20.) Le concile dit : Puisque nous sommes satisfaits des réponses du moine Pélage ici présent, & qu'il embrasse tous les sentimens ortodoxes, qu'il condamne & réprouve tout ce qui est contraire à la foi catholique de l'Eglise, nous reconnoissons qu'il est dans la communion de l'Eglise catholique. Pélage, pour ne laisser aucun soupçon dans l'esprit de ses juges, produisit des lettres qu'il avoit de plusieurs grands prélats, & particulierement de saint Augustin. Les prélats qui ne sont pas nommés, pouvoient être saint Paulin, Memor, pere de Julien, & quelques Evêques de Sicile. Il fit insérer ces lettres dans les actes du concile. Jean de Jérusalem de son côté, pour confirmer la catholicité de Pélage, rendit compte au concile de la maniere dont il lui avoit entendu confesser la grace dans l'assemblée de son clergé. Il ne manqua pas de déclamer contre le prêtre Orose, & contre les deux Evêques Eros & Lazare, dont la conduite décriée servit peut-être plus que tout le reste à la justification de Pélage.

Telle fut l'issue du concile de Diospolis, où l'hérésie fut condamnée, & l'hérétique absous ; ou plutôt, où l'hérétique se condamna lui-même, détestant & anathématisant cent fois de bouche la doctrine qu'il conservoit dans le cœur. Ainsi ce directeur sévere, qui condamnoit toute sorte de serment, n'eut pas horreur de mêler l'artifice & le parjure dans les professions de foi les plus solemnelles. Qu'il a eu en cela d'imitateurs ! (a) Saint Au-

(a) De gestis Pelag. c. 17.

gustin excuse les Peres de Diospolis, & dit qu'il eut peut-être été trompé lui-même par tant d'artifices (a). Mais saint Jérôme, qui vit de plus près les intrigues & les suites fâcheuses de cette affaire, nomme cette assemblée un misérable concile. Il en ressentit bien-tôt les tristes effets dans sa chere solitude.

(a) *Hieron. Ep. ad August. & Alipium.*

CHAPITRE XI.

Pélage tâche de tirer avantage du concile de Diospolis. Il écrit à saint Augustin. Violences & attentats des Pélagiens en Palestine contre saint Jérôme & ses Solitaires. Le Pape saint Innocent écrit sur ce sujet à l'Evêque de Jérusalem & à saint Jérôme. Orose retourne en Afrique, & rend compte à saint Augustin de tout ce qui s'étoit passé. Le saint Docteur écrit à l'Evêque de Jérusalem. Conciles de Carthage & de Mileve.

LE plus leger avantage inspire bien de l'audace aux novateurs. Pélage, tout fier d'avoir sçu imposer à ses juges, rentra comme en triomphe à Jérusalem ; & à l'exemple des Généraux qui donnoient avis de leurs victoires par des lettres couronnées de lauriers, il envoya de toutes parts des lettres triomphantes pour rassurer son parti. Il en écrivit une à ce sujet à un prêtre de ses amis qu'il supposoit lui avoir écrit pour le conjurer de n'être pas l'occasion d'un schisme dans l'Eglise. Dans le récit artificieux qu'il lui faisoit de ce qui s'étoit passé au concile, il lui disoit: *Notre doctrine, que l'homme peut être sans péché, & observer facilement les commandemens de Dieu, s'il le veut* (a), *a été approuvée par le jugement de quatorze Evêques; & ce jugement a couvert de confusion le visage de la contradiction, & a mis la désunion parmi ceux que de mauvais desseins avoient réunis.*

Pélage fit alors de nouveaux efforts pour surprendre saint Augustin. Il lui écrivit par un cer-

(a) *De gestis Pelagii, c. 30.*

tain Carus d'Hippone, & diacre en Orient, une seconde lettre, (*ibid. c.* 33.) où en lui faisant un récit abregé des actes du concile de Diospolis, il supprimoit artificieusement tout ce qui étoit à son désavantage, & sur tout ce qui pouvoit faire croire qu'il eut dit anathême à sa doctrine de Celestius. Les falsifications ne coûtent rien aux sectaires. Par ces artifices le bruit se répandit bientôt en Afrique que la doctrine de Pélage avoit été reconnue saine au concile de Diospolis. Saint Augustin, qui ne pouvoit se le persuader, crut devoir précautionner son peuple contre les impressions qu'on s'efforçoit de lui donner, & fit à ce sujet un sermon, dont il ne reste que quelques fragmens. *Que personne*, dit-il, *ne publie que Pélage a été absous par les Evêques. C'est sa confession, ou plutôt sa rétractation qui a été approu-*

dée (a). *Ce qu'il a dit devant les Evêques a paru catholique ; mais ces Evêques ont ignoré ce qu'il a écrit dans ses livres. Peut-être s'est-il corrigé ; car nous ne devons pas désespérer d'un homme, qui a peut-être mieux aimé se réunir à la foi catholique, & implorer le secours de la grace. Peut-être cela est-il arrivé. Quoiqu'il en soit, ce n'est pas l'hérésie, c'est l'homme détestant l'hérésie, qui a été absous.*

Mais c'étoit sur tout en Palestine que Pélage tâchoit de tirer avantage du concile de Diospolis. Il vint à bout de s'y faire passer pour un homme qui avoit été injustement persécuté pour la vérité. Cette réputation acheva de lui gagner la faveur du public, & le mit en état de se venger de ceux qu'il regardoit comme ses ennemis. Il n'espéra point de pouvoir jamais enseigner librement l'erreur, tandis que saint Jérôme

(a) *Apud Eugipp. t. 2. c. 288.*

& ses Religieux subsisteroient. Il résolut de les perdre, ou de les rendre si odieux qu'ils ne fussent plus en état de lui faire obstacle. Le parti avoit des émissaires qui répandoient par tout que Jérôme & les solitaires qui vivoient avec lui, étoient les auteurs de tous les troubles. On faisoit retomber sur eux ce que l'affaire de Diospolis paroissoit avoir d'odieux, & on s'en prenoit à eux de ce que les Evêques dénonciateurs avoient fait. Le clergé de Jérusalem faisoit sur tout valoir ces bruits, en déclamant contre saint Jérôme le plus célébre directeur qui fût alors: les ecclésiastiques servoient en même-tems leur propre jalousie, & le ressentiment de leur Evêque. Jérôme souffrit tout avec une modération, qui en faisant honneur à la cause qu'il défendoit, rendit plus furieux ses ennemis. Une hérésie qui se sent protégée, se porte bien-tôt aux plus injustes violences. On en vint jusqu'à ameuter contre le saint Docteur une troupe de bandits & & de scélérats, qui, le fer & le flambeau à la main, coururent pendant la nuit saccager les monasteres qu'il avoit consacrés à la pénitence. Ils ne trouverent pas de résistance dans des lieux où l'on ne connoissoit d'autres armes que celles de la mortification chrétienne. Ils tuerent un diacre à la porte, & quelques autres personnes. Ils frapperent & blesserent les autres. Saint Jérôme, l'objet de leur fureur, eut le tems de gagner une tour fortifiée, où ils ne pouvoient le forcer. Ils ne trouverent pas de quoi s'en consoler, dans le pillage qu'ils firent de son monastere & de celui des vierges qui vivoient sous sa direction. Sainte Eustochium & Paule sa niece furent obligées de se sauver presque nues, pour se dérober à l'insolence de ces fanatiques, qui mirent le feu à ces deux monasteres.

Voilà les violences où aboutirent l'hypocrisie & la morale sévère d'une secte, qui paroissoit à sa naissance si retenue & si timide. Tels sont les premiers triomphes d'une hérésie qui commence à dominer.

L'Evêque de Jérusalem dissimula ces attentats d'un parti qu'il protégeoit, de peur d'être obligé de les punir. Saint Jérôme n'espérant donc pas de justice d'un prélat partial, porta ses plaintes au pere commun des fidéles; & pour faire tenir plus sûrement au Pape Innocent la lettre qu'il lui écrivoit à ce sujet, il l'adressa à saint Aurele, Evêque de Carthage. Celui-ci, en envoyant au Pape la lettre de saint Jérôme, joignit sa recommandation. Sainte Eustochium & Paule la jeune en écrivirent aussi au Pape. Mais ni elles, ni saint Jérôme ne nommoient les auteurs des attentats dont ils se plaignoient.

Saint Innocent, sensiblement touché de ces scandales, tâcha d'appliquer le remede à la source du mal. Il écrivit à l'Evêque de Jérusalem une lettre pleine d'avis sur sa conduite. *Les illustres & saintes vierges Eustochium & Paule*, lui dit-il, *nous ont exposé avec larmes que le démon a commis dans des lieux dépendans de votre Eglise, des brigandages, des meurtres, des incendies, & toutes sortes d'attentats. Car elles n'ont nommé, ni l'auteur, ni le sujet de ces violences; quoiqu'après tout, l'un & l'autre ne soit pas douteux. Vous étiez obligé de pourvoir avec plus de soin à vos ouailles, & d'empêcher que rien n'arrivât de pareil à ce que votre négligence a fait commettre contre le troupeau du Sei-*

gneur, & contre de tendres agneaux, tels que sont les vierges (a). *Nous avons appris qu'elles ont à peine évité la mort, après s'être sauvées nues de l'incendie, & des armes qui les environnoient, & avoir vû battre & massacrer en leur présence ceux qui étoient à leur service.... Cet attentat ayant été commis, où sont les secours que vous leur avez procurez? où sont les consolations que vous leurs avez données? Elles craignent, disent-elles, encore de plus grands maux que ceux qu'elles ont soufferts. Si elles s'étoient expliquées plus ouvertement, je jugerois à fond cette affaire. Donnez-vous de garde, mon Frere, des embuches de l'ancien ennemi; & prenant l'esprit d'un bon Evêque, veillez à ce que les attentats, qui ne vous ont pas été dénoncés par une accusation juridique, soient réparés ou punis au plutôt*, &c.

(a) *Epist. Inn. ad Joan. Ierof. apud Bar. ad an.* 416.

Ce grand Pape écrivit en même-tems à saint Jérôme, pour le consoler de ce qu'il avoit souffert pour la défense de la vérité; l'exhortant de mettre en pratique ce qu'il avoit lui-même tant de fois prêché aux autres. Il ajoute: *Frappés par la scene tragique de ces maux, nous songions à employer au plutôt l'autorité du saint Siége; mais comme vous n'aviez accusé personne en particulier, contre qui aurions nous pû nous élever* (a)? *Tout ce que nous pouvons, c'est de compatir à vos maux: Si vous nous dénoncez quelqu'un nommément, je vous donnerai des juges compétens; & s'il y a quelque moyen plus court & plus efficace, je ne tarderai pas de m'en servir.* On voit ici une preuve bien marquée de l'autorité & de la jurisdiction du S. Siége dans toute l'Eglise. S. Innocent envoya cette lettre en Pa-

(a) Ep. Innoc. ad Hieron. apud Baron. ad an. 416.

lestine par la voye de Carthage, avec une lettre pour saint Aurele.

Tous ces mauvais traitemens, & le crédit de l'Evêque de Jérusalem n'avoient fait que rendre plus vif & plus pur le zele de saint Jérôme, & des deux Evêques Eros & Lazare. Ils jugerent que rien ne seroit plus efficace contre une secte protégée par un puissant Prélat, que le concert & la confédération des évêques catholiques. Ils se proposerent d'exciter le zele des Evêques Africains, par le récit des maux que souffroit la religion en Palestine. Eros & Lazare leur écrivirent à ce sujet une lettre circulaire, dont ils chargerent Orose. Ce zélé défenseur de la foi, qui avoit eu part aux travaux & aux souffrances de saint Jérôme, quitta la Palestine au printems de l'an 416. pour retourner en Afrique, ainsi qu'il avoit promis à saint Augustin. Le saint Docteur attendoit avec impatience la résolution des doutes qu'il avoit proposés sur l'origine des ames. Mais saint Jérôme lui manda que les maux qu'il avoit eus à souffrir en ce tems-là, ne lui avoient pas laissé le loisir de s'appliquer à l'étude (*a*); que d'ailleurs il étoit bien aise de ne point s'expliquer sur les questions proposées, de peur que s'il avoit des sentimens contraires, les hérétiques ne se prévalussent de leur division. Il sçavoit que l'hérésie doit le plus souvent ses progrès à la mésintelligence des docteurs catholiques : & il évitoit avec soin un écueil contre lequel leur commune amitié avoit été sur le point de faire naufrage. Saint Augustin demeura le reste de sa vie incertain, sans pouvoir se déterminer entre le sentiment de la propagation des

(a) Hier. Ep. 93.

ames, & celui de leur création à mesure qu'elles sont unies au corps (*a*). Saint Grégoire le grand, près de deux cens ans après, étoit encore dans la même incertitude sur cette question, & il la regardoit comme insoluble.

L'arrivée d'Orose en Afrique y fut célébre par les éclatans miracles qu'y opérerent les Reliques de saint Etienne, qui avoient été trouvées à Jérusalem pendant le concile de Diospolis, & dont il apportoit une partie en Afrique.

La joye que ressentirent les catholiques, à la vûe de ce précieux dépôt, fut tempérée par la douleur qu'ils eurent d'apprendre les progrès de l'erreur en Palestine, & les triomphes des Pélagiens au sujet du concile de Diospolis. Saint Augustin, à qui sans doute Orose alla rendre compte de son voyage, fut plus affligé de ces

(a) *Greg. l. 9. ep. 52. ad Secundinum.*

nouvelles,

nouvelles, que du silence de saint Jérôme sur les questions qu'il lui avoit proposées. Il prit le parti d'en écrire à l'Evêque de Jérusalem, quoique le prélat ne lui eut pas fait l'honneur de répondre à une lettre qu'il lui avoit déja écrite, apparemment par Orose. Mais la vérité inspire à ses défenseurs des sentimens supérieurs aux vaines délicatesses du point d'honneur : & la charité de saint Augustin sçut assaisonner, & comme dissimuler les avis que son zele lui dictoit. *J'apprends*, dit-il au Prélat, *que vous aimez fort Pélage, notre frere & votre fils* (a) *; mais aimez-le de sorte que les personnes qui le connoissent, & qui ont été ses disciples, n'ayent pas lieu de croire qu'il vous trompe.* Et après lui avoir expliqué quels sont les artifices du sectaire, il ajoute : *Si vous aimez Pélage ; qu'il vous aime lui-même, ou*

(a) Ep. 179.

plutôt qu'il s'aime, & qu'il ne vous trompe pas. Pour ôter tout prétexte à ce Prélat, saint Augustin lui envoya le livre de Pélage, *de la Nature*, & la réfutation qu'il en avoit faite par le livre *de la Nature & de la Grace;* & il le conjure en son nom & au nom de plusieurs Evêques de lui envoyer un exemplaire des actes du concile de Diospolis, qu'il ne connoissoit que par la relation de Pélage. Il ne paroît pas que ces lettres ayent fait changer l'Evêque de Jérusalem.

Saint Aurele, à qui saint Jérôme avoit écrit, ne fut pas moins sensible aux maux de la religion que saint Augustin. Il convoqua à ce sujet un concile à Carthage, vers l'automne de l'an 416, sous le consulat de Théodose & de Palladius. Il s'y trouva soixante-huit Evêques de la province Proconsulaire. Les noms en ſont marqués dans la lettre ſynodique qu'ils écrivirent au Pape, & l'on peut connoître les ſiéges de ceux qui étoient déja Evêques cinq ans auparavant à la célébre conférence contre les Donatiſtes. Oroſe ayant préſenté à ce concile les lettres d'Eros & de Lazare, on en fit publiquement la lecture, & les Peres en furent attendris. Ils firent lire enſuite les actes du concile, tenu à Carthage contre Celeſtius, il y avoit près de cinq ans; & ils déclarerent qu'il falloit dire anathême à Pélage & à Celeſtius, s'ils n'anathématiſoient clairement leurs dogmes pernicieux. Les Peres de ce concile rapportent ces dogmes à deux articles; en ce que ces ſectaires nioient la néceſſité de la grace, & la néceſſité du baptême des enfans, ou le péché originel. C'eſt-là tout le venin de l'héréſie Pélagienne, qui ſappoit par-là les premiers fondemens de la religion chrétienne, ainſi que s'expriment ces mêmes Peres. Il ne nous reſte des actes de ce concile, que la lettre ſynodique adreſſée au Pape pour lui référer cette affaire. *Nous avons crû*, diſent ces Evêques à ſaint Innocent, *devoir donner connoiſſance à votre charité de ce que nous avons fait, afin que nos décrets ſoient confirmés par l'autorité du Siége Apoſtolique, pour conſerver la foi de pluſieurs, & corriger l'infidélité de quelques-uns.* Ils ajoutent : *Quand Pélage vous paroîtroit avoir été juſtement abſous par les actes des Evêques d'Orient ; l'erreur & l'impiété qui a tant de partiſans répandus en divers pays, doit auſſi être anathématiſée par l'autorité du Siége Apoſtolique.*

Peu de tems après le concile de Carthage, Silvain, Evêque de Qume, & Primat de la province de Numidie, aſſembla pour le même sujet son concile à Mileve, ville qui n'est presque connue que par les conciles qui y ont été tenus, & par saint Optat qui en a illustré le siége. Il s'y trouva soixante-un Evêques, parmi lesquels Augustin, Alipius & Possidius, étoient les plus célébres. La lettre synodique de ce concile est aussi le seul monument qui nous en reste. Les Prélats y tiennent au Pape le même langage que ceux du concile de Carthage, & ils rapportent comme eux tout le dogme catholique contre les Pélagiens à la nécessité de la grace & à l'existence du péché originel. Ils ne regardent pas encore Pélage & Celestius comme séparés de la communion de l'Eglise, parce qu'en effet ils n'avoient pas encore été condamnés par le saint Siége. *Nous aimons mieux*, disent-ils, *les voir guérir dans le sein de l'Eglise, que de les en voir retranchés*, *si la nécessité n'y oblige..... Mais nous croyons que par la miséricorde de notre Seigneur Jesus-Christ, qui daigne vous exaucer dans vos prieres, & vous conduire dans vos décisions, ceux qui ont des sentimens si pernicieux se rendront à l'autorité de votre Sainteté.* Ces Evêques font au Pape un éloge des combats que saint Jérôme livroit en Palestine, pour la grace & pour la vérité; & ils finissent en disant qu'ils suivent l'exemple du concile de Carthage, en référant cette cause au saint Siége.

Les Evêques de ces deux conciles donnent avis au Pape que Celestius avoit trouvé le moyen de se faire promouvoir en Asie à l'ordre de prêtrise. Il s'étoit retiré à Ephése dès l'an 412. après le concile de Carthage; & il sçut si bien s'y contrefaire, qu'il y fut promû au Sacerdoce, apparemment par Héraclide, prédécesseur de Memnon.

Pour les huit Canons contre les Pélagiens, attribués communément à ce concile de Miléve, il est certain qu'ils ne sont ni de celui-ci, ni d'aucun autre qui eut été tenu en cette ville. S. Augustin assure qu'ils ont été faits dans un concile plénier; & la collection de ces Canons envoyés par Adrien I. à Charlemagne, les attribue à un concile de Carthage; c'est celui qui se tint en 418, & dont on parlera dans la suite.

CHAPITRE XII.

Cinq Evêques d'Afrique écrivent au Pape contre Pélage. Saint Augustin compose l'ouvrage de Gestis Pelagii. *Il écrit à un nommé Pallade. Saint Innocent répond aux Peres du concile de Carthage, aux Evêques de Miléve, & aux cinq Evêques d'Afrique. Ces trois Décrétales sont reçues avec respect & obéissance dans tout le monde chrétien. Sermon de saint Augustin, où il assure que la cause est finie.*

AUSSI-TÔT après la conclusion des conciles de Carthage & de Mileve, les cinq Prélats les plus distingués de l'Afrique, Aurele & Evodius, de la province Proconsulaire; Alipius, Augustin & Possidius, de la province de

Numidie, tinrent ensemble des conférences à Carthage sur les affaires de la Religion, & ils convinrent d'écrire en leur nom une lettre au souverain Pontife, pour suppléer à ce qui pouvoit manquer aux lettres synodiques des deux conciles. Cette lettre est un des plus beaux monumens de l'érudition & du zele de l'Eglise d'Afrique, *contre les ennemis de la grace, qui se confient en leurs forces, & qui disent en quelque sorte au Créateur : Vous nous avez faits hommes, & nous nous sommes faits justes.* C'est ainsi que les cinq Prélats dépeignent les disciples de Pélage. Ils se plaignent au Pape de ce qu'il paroissoit les tolérer à Rome.

Nous avons appris, lui disent-ils, *qu'il y a dans la ville de Rome des personnes qui favorisent Pélage sous divers prétextes; les uns, parce qu'ils disent que vous êtes dans ces sentimens ; & les autres en plus grand nombre, parce qu'ils ne croyent pas que Pélage y soit lui-même, sur-tout depuis qu'on répand qu'il s'est tenu un concile en Orient, où l'on publie qu'il a été absous. Mais si les Evêques ont prononcé qu'il étoit catholique ; il faut croire qu'ils ne l'ont fait, que parce qu'il a protesté qu'il confessoit la grace de Dieu ; & qu'en prétendant que l'homme, par son travail & son libre arbitre, peut bien vivre, il n'a pas nié qu'il fût aidé par la grace.* Ils marquent ensuite au Pape qu'ils lui envoyent le livre de Pélage, *de la Nature*, avec la réponse qu'un d'eux y a faite ; & l'avertissent, qu'ils ont marqué certains endroits de ces livres, afin qu'en les parcourant, il pût reconnoître plus facilement, que Pélage n'admet d'autres graces que la nature. Ils ajoutent : *Nous avons cru aussi devoir envoyer à votre Sainteté une lettre qu'un de nous a adressée à*

Pélage, en réponse *à un écrit qu'il lui a envoyé pour se jastifier par un diacre d'Orient, citoyen d'Hippone, vous priant de la lui faire tenir vous-même, afin qu'il ne dédaigne pas de la lire, plutôt par respect pour celui qui l'envoye, que pour celui qui l'écrit.* C'étoit une réponse de saint Augustin à la lettre de Pélage sur le concile de Diospolis.

Les cinq Prélats établissent ensuite la nécessité d'une grace distinguée de la nature, du libre arbitre & de la rémission des péchés. Ce qu'ils prouvent par l'usage de la priere; par la différence de la loi, & de la grace; par l'autorité de saint Paul, & par les fruits de la mort de Jesus-Christ. Ils font en finissant cette déclaration bien honorable au saint Siége. *Nous ne prétendons pas, par notre petit ruisseau, augmenter votre source abondante; mais dans ce tems de tentation dont nous prions de nous délivrer ce-*

lui à qui nous disons : Ne nous induisez point en tentation ; *Nous voulons que vous jugiez si notre ruisseau, quoique petit, sort de la même source que le vôtre qui est si plein.* C'est-à dire, que, pour s'assurer de la vérité, ils ne veulent que confronter la tradition de leur Eglise avec celle de l'Eglise de Rome. Cette lettre des cinq Evêques, & les lettres synodiques des deux conciles furent portées à Rome par un Evêque Africain, nommé Jules.

Saint Augustin ne demeura pas oisif en attendant l'oracle du saint Siége. Il reçut sur la fin de l'année 416. un exemplaire des actes du concile de Diospolis ; apparemment de saint Jérôme ou de Jean de Jérusalem, auquel il les avoit demandés. Il trouva que ces actes n'étoient pas conformes à ce que Pélage & ses disciples en avoient publié. C'est pourquoi afin de confondre un parti qui ne se soutenoit que par une hardiesse effrontée à débiter des mensonges, il composa l'ouvrage intitulé, *de Gestis Pelagii*, ou *de Gestis Palestinis*; & il l'adressa à saint Aurele. Il y donne les vrais actes de ce concile, tels qu'on vient de les rapporter. En finissant cet ouvrage, il parle des violences dont on avoit usé en Palestine à l'égard de saint Jérôme, & il dit qu'il attend la punition que les Evêques en tireront des coupables.

La gloire que S. Jérôme avoit eue de souffrir pour la vérité, avoit donné une nouvelle ardeur à son zele. C'est ce qui paroît par une lettre qu'il écrivit en ce tems-là pour congratuler saint Augustin de ses combats contre les hérétiques. *Courage*, lui dit-il, *votre nom est célèbre dans tout le monde. Les Catholiques vous respectent &*

vous admirent, comme le restaurateur de l'ancienne foi; & ce qui vous est encore plus glorieux, tous les hérétiques vous détestent. Ils n'ont pas moins de haine pour moi. Ils tuent par leurs désirs, ceux qu'ils ne peuvent tuer de leurs glaives.

Cette haine des Novateurs est en effet le plus bel éloge & le moins suspect qu'on puisse faire des docteurs catholiques. Elle ne fit qu'animer Augustin à embrasser toutes les occasions de démasquer l'erreur. Un nommé Pallade, lui ayant demandé en ce tems-là une recommandation auprès d'Hilaire, qu'on croit être Hilaire, Evêque de Narbonne dans la Gaule, ou un autre Hilaire, qui étoit à la conférence de Carthage, Evêque de Bosetane; il en prit occasion d'instruire ce Prélat des dogmes & de l'état du Pélagianisme. *Il y a*, lui écrit-il, *une nouvelle hérésie, ennemie de la grace de Jesus-Christ, qui s'efforce de s'élever contre l'Eglise; mais elle n'est pas encore évidemment séparée de l'Eglise. C'est une secte de gens qui attribuent un si grand pouvoir à la foiblesse humaine, qu'ils ne font consister la grace que dans le libre arbitre* (a), *dans la possibilité de ne point pécher, & dans les commandemens que nous avons reçus; prétendant au reste que pour accomplir ces commandemens, nous n'avons aucunement besoin du secours divin: qu'à la vérité la rémission des péchés nous est nécessaire, parce que nous ne pouvons faire que les péchés passés n'ayent pas été commis; mais que pour éviter à l'avenir tous les péchés, & résister à toutes les tentations futures, la volonté humaine se suffit à elle-même par ses forces naturelles, & sans le secours de la grace de Dieu; que les enfans n'ont nul besoin de la grace du Sauveur pour être délivrés de la per-*

(a) Epist. 178.

dition par son bapteme, n'ayant hérité d'Adam aucun péché. Vous voyez combien cette doctrine est opposée à la grace qui nous a été donnée par Jesus-Christ, & comme elle tend à renverser tous les fondemens de la foi chrétienne. Quoique nous aimions mieux que ces Novateurs soient gueris dans l'Eglise que de les en voir retranchés; nous avons dû cependant vous les faire connoître, afin que vous vous en donniez de garde. Car le concile de Carthage a fait contre eux un décret pour être envoyé au Pape Innocent, & nous, du concile de Numidie, avons écrit en conformité au saint Siége. On voit toujours que saint Augustin, après la condamnation des conciles d'Afrique, & avant la décision du Pape, ne regardoit pas encore les Pélagiens comme entierement retranchés de l'Eglise. Il tint un langage bien différent dès que le saint Siége eut parlé.

Saint Innocent ne différa pas de le faire ; & dès qu'il eut connu la grandeur du mal, il s'empressa d'y apporter le remède par les trois célébres Décrétales, dattées du 27 Janvier 417, en réponse aux trois lettres qu'il avoit reçues des Evêques Africains. Il y établit d'abord les droits du saint Siége, il expose ensuite le dogme catholique sur le péché originel, & il ordonne de retrancher de l'Eglise ceux qui ont des sentimens contraires. Voici comme il parle de l'autorité du saint Siége dans la lettre aux Peres du concile de Carthage. *Vous sçaviez bien ce qui est dû au siége Apostolique, quand vous avez jugé qu'il falloit référer cette cause à notre jugement. Car dans la dignité où nous sommes élevés, nous voulons suivre l'exemple du prince des Apôtres, de qui vient l'Episcopat & l'autorité de ce nom. Nous sçavons à son exemple condamner le mal & approu-*

ver le bien. Vous observez, ainsi que doivent des Evêques, les traditions des Peres, & vous ne croyez pas devoir vous écarter de ce qu'ils ont ordonné par une sentence, non humaine, mais divine; à sçavoir, que toutes les affaires qui se traïtent dans les provinces les plus éloignées, ne seroient pas terminées, que ce Siége Apostolique n'en ait eu connoissance; afin que le jugement qui lui paroîtroit juste, fût confirmé par son autorité, & que toutes les Eglises puisassent les eaux (de la saine Doctrine) *dans cette source toujours pure, d'où elles coulent, & se répandent dans toutes les parties du monde.... Vous demandez une décision qui serve à toutes les Eglises répandues dans l'univers, afin que l'Eglise étant affermie par ses régles & par les décrets d'un jugement équitable, elle ne puisse plus craindre ceux qui s'arment de vaines subtilités de mots; & qui, sous prétexte de défendre la foi catholique, exhalent un poi-*

son mortel pour infecter les fidéles, & tâchent de renverser toute l'œconomie de la Religion.

Ce grand Pape ne parle pas avec moins de force sur le même sujet, dans sa réponse aux Evêques du concile de Miléve. *En vous adressant au saint Siége pour sçavoir quel sentiment il faut tenir dans les choses douteuses, vous avez gardé la forme de l'ancienne régle que vous sçavez aussi-bien que moi avoir été observée dans tout l'univers. Mais je ne m'étends pas sur cet article, parce que je suis persuadé que vous n'en doutez pas. Car pourquoi auriez-vous confirmé cet usage par votre conduite, si ce n'est parce que vous sçavez que tous ceux qui consultent le Siége Apostolique en reçoivent des réponses qui sont répandues dans toutes les provinces? C'est sur-tout lorsqu'on attaque quelques articles de la foi, que je crois que nos freres les Evêques ne doivent référer ces causes qu'à*

Pierre ; c'est-à-dire, à l'auteur de leur nom & de leur dignité, comme vous venez de faire. Ce qui sera généralement utile à toutes les Eglises du monde. Ainsi vous aurez la gloire d'avoir observé les Canons, & tout l'univers jouira de votre bienfait. Car quel est le catholique qui veuille dans la suite parler à ces ennemis de Jesus-Christ, ou communiquer avec eux ? Saint Innocent réfute ensuite la doctrine des Pélagiens, & montre qu'elle est contraire à l'Ecriture ; qu'elle détruit l'usage de la priere, & les fruits de l'Incarnation. Il excommunie Pélage & Celestius, & ordonne qu'on reçoive ceux qui viendront à résipiscence.

Il fit une réponse particuliere à la lettre des cinq Evêques. Il leur dit que s'il y a des Pélagiens à Rome ; ils sont en petit nombre, & se tiennent si bien cachés, qu'il est difficile de les découvrir parmi un si grand peuple. Mais qu'il espére qu'eux & les autres reconnoîtront leurs erreurs, quand ils apprendront la condamnation de leur maître ; qu'il a peine à croire que Pélage ait été absous au concile de Diospolis, quoiqu'il ait reçu de quelques laïques des actes qui le font entendre ; parce que, si cela étoit, Pélage n'eut pas manqué d'engager les Evêques de Palestine à en écrire au saint Siége. Surquoi il ajoute : *Mais comme on voit par ces actes, que des objections qui lui ont été faites, il en a supprimé une partie, en détournant adroitement le discours ; qu'il a répandu l'obscurité sur l'autre partie par la confusion de ses paroles ; qu'il s'est purgé de quelques-unes de ses accusations, plutôt par de faux raisonnemens, que par de vraies raisons ; & en les interprétant en un sens étranger ; on ne peut pas même dire qu'il ait été absous pour un tems.* Saint Innocent dit ensuite qu'il a lû le livre attribué à Pélage, & qu'il y a trouvé plusieurs blasphêmes & rien de bon. Mais il ne parle point du livre de saint Augustin de la Nature & de la Grace qu'on lui avoit envoyé en même-tems.

Telles furent les trois fameuses Décrétales de saint Innocent, lesquelles, quoiqu'en dise un (*a*) critique trop hardi, sont bien dignes d'un si grand Pape. Elles furent reçues de l'Eglise universelle, & en particulier de l'Eglise d'Afrique, avec autant de joye & d'applaudissement, que de respect & d'obéissance. Ce qu'il est bien important de remarquer. Car jamais Eglise ne fut plus jalouse de ses droits que l'Eglise d'Afrique l'étoit alors : l'affaire des appellations en est une preuve. Jamais clergé ne fut plus éclairé que celui dont elle étoit

(a) *Erasme.*

alors composée. Jamais Constitution Apostolique n'a établi plus fortement les prérogatives du saint Siége, touchant la relation des causes de la foi à son tribunal, & leur décision en dernier ressort. Le respect avec lequel ces lettres de saint Innocent furent cependant reçues en Afrique & dans tout le monde chrétien, est donc une preuve sans réplique, que les prérogatives du saint Siége Apostolique sont des droits incontestables.

Un jugement si solemnel du souverain Pontife, fit tomber le masque de catholicité dont les Novateurs s'étoient parés jusqu'alors pour se cacher dans le sein de l'Eglise. On commença aussi-tôt dans tout le monde chrétien, & sur-tout en Afrique, à les traiter comme des hérétiques. Peu de tems après que ces rescrits eurent été apportés, saint Augustin monta en chaire, & ayant pris occasion de parler contre les Pélagiens, comme il assure qu'il faisoit presque dans tous ses Sermons, il dit au peuple (*a*) : *Mes Freres, entrez avec nous dans des sentimens de compassion. Quand vous trouverez de ces gens-là, ne les cachez pas ; n'ayez point pour eux une cruelle pitié, & ne leur donnez pas retraite ; reprenez-les, & amenez-nous les opiniâtres. Car on a déja envoyé au saint Siége Apostolique deux conciles sur ce sujet, & il en est venu des rescrits. La cause est finie : plaise à Dieu que l'erreur finisse enfin.*

Paroles qui couvriront à jamais de confusion ceux qui, se disant les disciples de saint Augustin, refusent de se soumettre à tant de décisions du saint Siége, & qui après tant de Constitutions Apostoliques, refusent encore de croire *la cause finie*.

(*a*) *Serm.* 131. *aliàs* 2. *de verbis Apostol.*

Ce Sermon (*a*) fut prononcé le 23 de Septembre l'an 417. & c'est à la même année qu'on doit rapporter plusieurs des Sermons de saint Augustin contre les Pélagiens. Le saint Docteur étoit persuadé qu'il faut instruire le peuple touchant les erreurs qui s'élevent dans l'Eglise, & qu'on ne peut faire un meilleur usage de la parole de Dieu, que de l'employer à combattre, & à rendre odieux aux fidéles les ennemis de la vérité.

(a) *Ad mensam S. Cypriani.*

CHAPITRE XIII.

Celestius va d'Ephése à Constantinople, d'où il est chassé, & ensuite à Rome. Mort de Jean de Jérusalem. Pélage dresse une Profession captieuse de sa foi, & l'envoye au Pape avec une lettre.

LES affaires de la nouvelle secte n'étoient pas en meilleure situation à Constantinople & à Jérusalem, qu'à Rome & à Carthage. Celestius après avoir dogmatisé quelques années à Ephése, où par ses intrigues il avoit trouvé moyen de se faire promouvoir à la prêtrise, s'étoit fait chasser de cette ville, & il étoit passé à Constantinople vers l'an 416, pour tâcher de corrompre la foi de cette grande Eglise. Il sçavoit quelle puissante protection l'Evêque d'une ville Impériale peut donner à un parti. Il n'obmit rien pour gagner Atticus, qui étoit alors assis sur ce grand Siége. C'étoit un Prélat qui avoit de la droiture & de la fermeté. Il ne tarda pas à découvrir les pratiques & les erreurs de Celestius. Il le condamna, le chassa de la ville, & en écrivit des lettres en Asie à Tessalonique & à Carthage. Mercator, qui raconte ces faits, avoit en main un exemplaire de ces lettres (*a*). C'est une perte pour l'histoire qu'il n'ait pas transmis à la postérité un monument qui nous auroit instruit du tems, des motifs, & des autres circonstances de cette condamnation, qui paroît avoir été portée dans un concile. Du moins saint Augustin assure que Celestius fut défait à Constantinople

(a) *Comm. l.* 1.

par l'armée de Jesus-Christ (a), ce qui paroît désigner un concile.

Ce Novateur se voyant chassé de Carthage, d'Ephése, de Constantinople, songea à poursuivre l'appel qu'il avoit interjetté au saint Siége, cinq ans auparavant; & il s'embarqua en toute diligence pour se rendre à Rome, où il espéroit que Zosime, qui venoit de monter sur la chaire de saint Pierre, seroit moins opposé au parti que saint Innocent. Ce saint Pape ayant mis le comble à sa gloire & à ses mérites, par la condamnation du Pélagianisme, alla en recevoir du Seigneur la récompense, le 12 de Mars 417, selon l'opinion plus probable, que celle qui recule sa mort, avec le Martyrologe Romain, jusqu'au 28 Juillet. On a une constitution du Pape Zosime

(a) *In Jul. l. 3. c. 1.*

dattée du mois de Mars de cette année ; & dans les anciens Martyrologes, on trouve marqué à Rome le 12 de Mars, saint Innocent Evêque.

Pélage de son côté avoit perdu en Palestine son protecteur : Jean Evêque de Jerusalem, étoit mort le 10 Janvier 417, & étoit allé rendre compte à Dieu de trente années d'épiscopat, employées en grande partie à favoriser les partisans de l'erreur. Néanmoins comme il est mort avant que la doctrine de Pélage eût été censurée par le saint Siége, & qu'il avoit promis de se soumettre à son jugement, sa mémoire n'est point odieuse dans l'Eglise. Après sa mort, tous ceux que la crainte de déplaire à ce Prélat avoit retenus dans le silence, ou que l'intérêt avoit engagés dans le parti, se déclarerent contre Pélage. Saint Jérôme & ses Religieux, qu'on avoit décriés comme des hommes inquiets, & qui ne cherchoient qu'à troubler l'Eglise, commencerent d'être regardés comme les défenseurs & les martyrs de la vérité.

Pélage ne s'oublia pas dans un revers si subit. Il ne sçavoit pas encore que sa doctrine avoit été censurée à Rome; mais il n'ignoroit pas qu'elle y avoit été déférée, & avec quel zele les Evêques Africains en poursuivoient la condamnation. Il se flata de trouver dans ses artifices une ressource à tant de disgraces imprévues. Il s'appliqua d'abord à gagner Praile, le successeur de Jean, dans le siége de Jérusalem, & il y réussit pendant quelque-tems. Assuré de cette protection, il travailla à détourner l'orage qui se formoit à Rome. Dans ce dessein, il dressa une profession captieuse de sa foi, & comme un corps de doctrine ; pour être présenté au Pape. Conduite d'un sectaire qui se masque encore, & qui cherche à se donner une apparence de catholicité, par la soumission extérieure qu'il fait paroître pour le saint Siége.

Ce corps de doctrine est divisé en trois parties. Dans la premiere, Pélage expose la créance catholique sur la Trinité, contre les Ariens, les Sabelliens & les Macédoniens. Dans la seconde partie, il explique au long la foi de l'Incarnation, sur laquelle il n'étoit pas suspect. Dans la troisiéme, il vient aux matieres contestées, sur lesquelles il coule légerement. Ses expressions sont catholiques ; mais comme il n'en dit pas assez pour un homme accusé d'hérésie, elles sont artificieuses. La réserve & le silence sur certains points dans une profession de foi, découvrent assez lès sentimens qu'on s'éforce d'ailleurs de cacher. Voici quelques traits de ses artifices. *Nous croyons un seul baptême*, dit Pélage, *& nous assurons qu'il faut l'administrer aux enfans, avec les mêmes paroles qu'aux Adultes.* (Ce qui est dit pour répondre à une objection de saint Jérôme) (*a*). *Nous croyons que les ames viennent de Dieu, & qu'il les a créées; anathématisant ceux qui disent que les ames sont une portion de la substance divine. Nous condamnons aussi l'erreur de ceux qui disent qu'elles ont péché, ou qu'elles ont été dans le ciel, avant que d'être envoyées dans les corps. Nous confessons tellement le libre arbitre, que nous reconnoissons avoir toujours besoin du secours de Dieu; & qu'on tombe également dans l'erreur, en disant avec Manès, que l'homme ne peut éviter le péché, ou avec Jovinien, que l'homme ne peut pécher.*

(a) *Hier. Dial.* 3. *Sub finem.*

Pour nous, reconnoissant toujours l'homme libre, nous disons qu'il peut toujours pécher, & qu'il peut toujours ne pas pécher (a). Ce langage est si catholique, que l'auteur des livres Carolins & quelques autres, ont cité cette profession de foi, comme de saint Jérôme; & Guillaume de Paris, comme de saint Augustin (*b*). Ce qui montre jusqu'où peut aller le déguisement d'un Novateur, dans une profession de foi, & quelles précautions il faut prendre pour s'assurer de sa sincérité.

Pélage ne s'appliquoit pas moins dans ce corps de doctrine à décrier la foi de ses adversaires, qu'à justifier la sienne. Il en vouloit sur-tout à saint Jérôme. C'est ce qui paroît par les articles suivans : *Nous avons en exécration les blasphêmes de ceux qui disent que*

(a) *L. de trib. ep. c. 39. l. 3. c. 10.*
(b) *L. de pecc. & vitiis, c. 10.*

Dieu a commandé quelque chose d'impossible à l'homme, & que les commandemens de Dieu peuvent être observés par tous les hommes en général, & non par chacun en particulier. Nous avons aussi en horreur ceux qui condamnent les premieres nôces, avec Manès; & les secondes, avec les Cataphrygiens. Nous anathématisons aussi ceux qui disent que le Fils de Dieu a menti par la nécessité de la chair; & qu'étant revêtu de la nature humaine, il n'a pû ce qu'il a voulu. Il ne faut que lire les dialogues de saint Jérôme, pour reconnoître que Pélage, dans ces articles, cherche à rendre odieuse par des interprétations malignes, la doctrine d'un ouvrage où il étoit si solidement réfuté.

Il finit cette profession de foi par une protestation bien édifiante qu'il fait au Pape. *Telle est, très-saint Pere, la foi que nous avons apprise dans l'Eglise catholique; telle est la foi que nous tenons, & que nous avons toujours tenue. S'il nous est échappé quelque chose par surprise ou par ignorance, nous souhaitons d'être corrigés par vous, qui êtes héritier de la foi & du siége de Pierre. Mais si le jugement de Votre Sainteté approuve cette confession de foi; quiconque voudra me décrier, ne fera que montrer son ignorance ou sa malignité. Il ne fera pas voir que je suis hérétique. Il montrera qu'il n'est pas catholique.*

Pélage accompagna sa profession de foi d'une lettre au Pape, où il dit que ceux qui douteroient de sa catholicité, n'ont qu'à lire ce corps de doctrine, ses lettres à saint Paulin, à Constantius, & à Démétriade; & les livres qu'il venoit de publier sur le libre arbitre. Il joignit à ces piéces une lettre de recommandation auprès du Pape, qu'il avoit obtenue de Praile, le nouvel Evêque de Jérusalem.

CHAPITRE XIV.

Julien se met à la tête de la secte. Lettre de saint Augustin & d'Alipius à saint Paulin, pour le garantir des artifices des Pélagiens. Celestius, à l'exemple de Pélage, dresse une Profession de foi qu'il présente au Pape Zosime, successeur de saint Innocent.

LES circonstances ne pouvoient être plus favorables aux desseins de Pélage. La mort de saint Innocent avoit relevé le parti en Italie. Julien, qui jusqu'alors étoit demeuré disciple caché, venoit de lever le masque, & de se mettre à la tête de la secte. C'étoit un jeune

Prélat, que sa noblesse, son esprit, ses ouvrages, sa réputation de piété avoient rendu, dès son entrée dans l'épiscopat, un des plus grands hommes d'Italie. Il étoit fils de Memor, ou de Memorius, qui fut depuis Evêque de Capoue; & de Julienne, Dame aussi distinguée par sa vertu que par sa qualité. Il avoit reçu de la nature un esprit vif, qui paroissoit né pour l'éloquence, & il n'avoit rien oublié pour le cultiver par l'étude des sciences divines & humaines. On lui reprocha d'avoir trop lû Pétrone & Martial, & de semblables auteurs, où il est presque impossible, parmi tant d'ordures (*a*), de cueillir avec un cœur & des mains pures, les fleurs de la latinité qu'on s'imagine y découvrir. Car quelque prétexte qu'on apporte, c'est communement la même passion

(a) *Mercator. Subnot. c. 4. & 5.*

qui a fait écrire ces ouvrages, qui les fait lire & goûter. Julien exerça long-tems l'ordre de Lecteur dans l'eglise de son pere; & pour suivre la discipline, qui ordonnoit que les Lecteurs vouassent la continence, ou fussent mariés, il épousa la fille d'Emilius, qui avoit été consul, & ensuite Evêque de Benevent. Saint Paulin, dont l'illustre famille étoit alliée de celle d'Emilius, célébra ce mariage par un épithalame chrétien. Mais Julien s'étant bien-tôt trouvé libre, soit par la mort de sa femme, soit par un vœu mutuel de continence, fut promû au diaconat & au sacerdoce. Sa réputation fit naître à saint Augustin l'envie de le voir & de le connoître; & il en écrivit dans les termes les plus obligeans à l'Evêque Memor (a): *Je n'ose vous dire que j'aime Julien plus que je ne*

(a) *August. ep.* 131.

vous aime, parce que je ne dirois pas la vérité (a). *Mais je ne crains pas d'assurer que j'ai plus d'impatience de le voir, que je n'en ai de vous voir.*

Julien demeura chargé de l'éducation de ses sœurs après la mort de son pere & de sa mere. Ses soins ne furent pas heureux. Une d'elles tomba dans une faute qui la deshonora; & comme il voulut la lui reprocher, elle lui imposa silence, en le faisant souvenir des exemples qu'il lui avoit donnés. Tant il est vrai qu'on n'a plus de régle de mœurs, quand on n'a plus de régle de foi; la dépravation du cœur étant toujours ou le principe ou l'effet de l'infidélité de l'esprit. Il paroît en effet, par quelques expressions de saint Augustin, que Julien avoit peine à garder l'état de continence qu'il avoit embrassé. Mais

(a) *Ep. ad Memor. olim* 131.

son hypocrisie, qui étoit un de ses plus grands talens, suppléoit à tout. Il sçut si bien se contrefaire, que saint Innocent l'ordonna Evêque d'Eclane, ville située entre la Pouille & la Champagne d'Italie, dans le lieu aujourd'hui appellé Quinto-decimo. Cette dignité donna un nouvel éclat au mérite & aux vertus hypocrites de Julien *(a)*. Gennade assure qu'avant qu'il eut laissé voir ses erreurs, il passoit pour un des plus illustres docteurs de l'Eglise.

Un Prélat de ce caractere est une grande ressource pour un parti. Julien qui n'ignoroit pas que quand l'autorité est contraire à une secte, un Evêque qui la favorise en secret, la sert mieux que s'il se déclaroit à contre tems, eut soin de cacher long-tems ses liaisons avec le parti. Il garda cependant moins de mesures depuis

(a) *L. de script. Eccl. c. 45.*

son épiscopat ; car saint Augustin nous apprend, que saint Innocent lui donna des avis à ce sujet. Après la mort de ce saint Pontife, il ne dissimula plus, disputant dans les compagnies de Rome sur la nature du péché, pour rendre les adversaires de Pélage suspects de Manichéisme (*a*). Il ne manqua pas de publier que c'étoit le zele pour la vérité & pour la pureté de la morale, qui l'obligeoit à se déclarer ; & il peignit les docteurs des Pélagiens, comme des hommes injustement opprimés. *Voyant*, dit-il, *qu'on ne présentoit pour reméde que l'écume des dogmes impurs du Manichéisme ; que l'autorité s'étoit unie avec la passion ; & que cette honteuse concupiscence, qui, par l'empire qu'elle a sur les corps* (b), *est la reine des esprits, qui captive les ames, & détruit tous les principes*

(a) *Mercator subn. c. 7.*

(b) *Apud Aug. l. 2, operis imperfec. c. 10.*

de l'honnêteté, dominoit par le consentement de presque tout l'univers : nous nous sommes trouvés dans une obligation d'autant plus honorable de défendre la vérité, qu'il y a plus de difficultés à le faire ; parce que la vérité & la priere des médecins, n'ont gueres de pouvoir sur des peuples aveugles, & qui haïssent les remédes qu'on leur présente. Que faire donc? Croirons-nous à la vûe de ces obstacles devoir sonner la retraite, & du port tranquille de notre conscience, nous rire des naufrages des autres? Mais les sentimens d'humanité que nous devons avoir pour tous les hommes, & sur-tout la foi & l'espérance que nous avons en Dieu, nous empêchent de prendre ce parti. Outre que le Seigneur rétablit souvent des affaires désespérées ; il récompense toujours la constance qu'il a voulu exercer jusqu'à la mort, quoiqu'il ne voulût pas qu'on en retirât aucun fruit en ce monde. Ce sont les couleurs que Julien donnoit à sa déclaration en faveur du Pélagianisme, quelques années après qu'il eut levé le masque.

L'arrivée de Celestius à Rome cette année 417. fortifia plus Julien que toutes ces réflexions. Ces deux soutiens de la secte concerterent ensemble leurs desseins, & prirent des mesures auprès de leurs amis pour les faire réussir. Sans doute qu'ils n'oublierent pas de mandier la protection de saint Paulin, ancien ami de Pélage & de Julien. Mais saint Augustin & son ami saint Alipius, venoient d'écrire une lettre commune à ce saint Evêque, pour le précautionner contre les piéges des Novateurs. C'est un des ouvrages de saint Augustin contre les Pélagiens, qui soit le plus travaillé, le docteur de la grace ayant voulu le rendre digne de celui à qui il l'adressoit, & qui étoit lui-même un ſi grand maître dans les ſciences divines & dans l'art d'écrire. *Nous ſçavons*, lui diſent les deux Prélats, *que vous avez aimé comme un ſerviteur de Dieu Pélage, ſurnommé le Breton, pour le diſtinguer de Pélage de Tarente. Mais nous ignorons comment vous l'aimez aujourd'hui ; car pour nous, non-ſeulement nous l'avons aimé, mais nous l'aimons encore ; mais d'une maniere différente* (a). *Nous l'aimions alors, parce que nous le croyions catholique ; & nous l'aimons aujourd'hui, afin que par la miſéricorde de Dieu, il renonce aux ſentimens injurieux à la grace divine, auxquels on le dit attaché.* Ils marquent à ſaint Paulin, que pour mieux lui faire connoître le venin de la nouvelle héréſie, ils lui envoient le livre de Pélage *de la Nature*, & la réfutation que l'un deux en a faite, auſſi-bien que les relations des conci-

(a) *Ep. Alipii & Auguſt. ad Paulin. c. 1.*

les d'Afrique envoyées au ſaint Siége, & les réponſes du Pape ſaint Innocent. *Vous verrez dans tous ces actes*, lui diſent-ils, *que la nouvelle & pernicieuſe erreur, a tellement été condamnée par l'autorité eccléſiaſtique, qu'il y a bien lieu de s'étonner qu'il y ait encore quelques perſonnes qui combattent la grace.*

Ils s'étendent enſuite ſur la néceſſité & la gratuité de la grace, ſur la ſtérilité des œuvres qui en ſont deſtituées, ſur la prédilection de Dieu envers les élûs, ſur la réprobation des enfans morts ſans baptême. Ils ajoutent qu'ils traittent ce dernier article, parce qu'ils ont appris qu'il y a auprès de ſaint Paulin, ou plutôt dans ſa ville, des perſonnes qui ſoutiennent avec tant d'opiniâtreté, que les enfans morts ſans baptême jouiſſent de la vie éternelle; qu'ils ſe vantent d'abandonner plutôt Pélage lui-même, que ce ſentiment. C'eſt qu'en effet Pélage ne paroiſſoit pas bien ferme dans cette opinion. Car quand on la combattoit; il répondoit (a) : *Je ſçais où les enfans ſans baptême ne vont pas, je ne ſçais pas où ils vont.* Les deux Prélats Africains font à ſaint Paulin l'abrégé des erreurs que Pélage a condamnées au concile de Dioſpolis ; & ils finiſſent en aſſurant ce ſaint Evêque, qu'ils ſont ſi éloignés de ſoupçonner ſa foi, qu'ils ſe ſervent de ſes lettres, dont ils citent un endroit, pour la défendre contre les nouvelles erreurs.

Cette lettre dictée par le zele & la charité, rendit ſaint Paulin plus circonſpect. La ſainteté d'un Prélat n'empêche pas qu'il ne ſoit quelquefois ſurpris par de faux Docteurs; elle lui fait recevoir avec humilité & reconnoiſſance

(a) *Apud Auguſt. L. de pecc. Orig. c. 21.*

les avis qu'on lui en donne ; & l'on ouvre bien-tôt les yeux à la vérité, quand ce n'est pas l'orgueil & la mauvaise foi, qui les y ont fermés. Les Pélagiens tendirent avec plus de succès leurs piéges à Severe Sulpice, l'ami intime de saint Paulin. C'étoit un homme de qualité, fort distingué par sa piété, & par son mérite, & qui avoit été disciple de saint Martin. Il se laissa séduire dans sa vieillesse par les artifices des Pélagiens. Mais ayant depuis eû le bonheur de reconnoître sa faute, il l'expia par un rigoureux silence, qu'il s'imposa le reste de sa vie (*a*). C'est tout ce que l'histoire nous en apprend.

On osa même solliciter la foi de saint Cyrille, Evêque d'Alexandrie. Un certain Valerien qui étoit domestique du comte Valere, & fort attaché au parti Pé-

(a) *Genn. de viris illust. c. 19.*

lagien, passa d'Italie en Egypte, pour s'insinuer dans l'amitié de ce saint Prélat. Il y réussit, tandis qu'il cacha ses erreurs. Eusébe qu'on croit être celui de Crémone, & l'ami de saint Jérôme, l'ayant appris, en fut allarmé & en écrivit à saint Cyrille. Il lui marque qu'il est bien surpris que le siége d'Alexandrie, qui a toujours été étroitement uni à l'Eglise Romaine (*a*), ait reçu dans sa communion des Pélagiens, après que saint Innocent, d'heureuse mémoire, les a condamnés, & que toutes les Eglises d'Orient les ont rejettés. Il s'en prend aux intrigues de Valerien, qu'il dépeint comme un flateur, & un homme de bonne chere, & il avertit saint Cyrille que c'est un esclave du comte Valere. La conduite que saint Cyrille tint dans la suite, fait juger qu'Eusebe n'a-

(a) *Baronius, ad. ann.* 417.

voit

voit écrit que sur des bruits que les Pélagiens répandoient en Italie à l'avantage de la secte ; & le silence que l'auteur de la lettre garde sur la condamnation de Pélage par Zosime, quoiqu'il fasse mention de celle qu'en a fait S. Innocent, est une preuve qu'elle fut écrite l'an 417. Les chefs du parti Pélagien ne travailloient à se faire ainsi de puissans protecteurs dans toutes les parties du monde chrétien, que pour intimider ou surprendre le nouveau Pape ; ils eurent quelque-tems lieu de croire que leurs artifices ne seroient pas inutiles.

Ce fut dans ces favorables conjonctures que la profession de foi de Pélage, & sa lettre adressée au Pape Innocent, qu'il croyoit encore vivant, arriverent à Rome. Celestius qui vit cette profession de foi, jugea à propos d'en composer aussi une en son nom, & de la présenter au Pape Zosime avant celle de Pélage, laquelle lui servit de modelle. Saint Augustin se plaint que Celestius dans ce formulaire (*a*) de sa foi, s'téend à l'exemple de son maître sur tout ce dont il ne s'agit point : expliquant sa créance sur présque tous les dogmes de la Religion, depuis celui de la Trinité, jusqu'à celui de la Résurrection des morts ; & traitant les points controversés de questions problématiques, qui n'appartiennent pas à la foi. Il rejette clairement la foi du péché originel (*b*), *parce que*, dit-il, *le péché qui est commis par l'homme ne naît pas avec l'homme. Et que ce n'est pas le crime de la nature, mais de la volonté.* Il finit par la protestation suivante, à laquelle il ne manque que la sincérité. *Pour les disputes qui peuvent*

(a) *L. de pecc. orig. c. 23.*
(b) *Apud August. de pecc. c. 6.*

s'être élevées sur des questions qui n'intéressoient pas la substance de la foi, je n'ai rien établi définitivement & comme auteur; mais ce que j'ai puisé dans les sources des Prophêtes & des Apôtres (a), *je le présente à Votre Sainteté, pour être approuvé par sa décision, afin que si, comme il peut arriver à des hommes, nous sommes tombez dans quelque erreur, elle soit corrigée par votre jugement.*

Voilà le miel qui assaisonne le venin du serpent, & la peau de brebis qui cache le loup. Ainsi, vit-on dans tous les tems les sectaires qui vouloient encore passer pour catholiques, ne parler que de respect & de soumission pour le saint Siége, & prétendre que les points qui les divisoient des catholiques, n'intéressoient pas la foi.

(a) *Apud Aug. de pecc. orig. c.* 23.

Celestius présenta cette profession de foi au Pape Zosime, & demanda d'être reçu à se justifier du crime d'hérésie, dont on l'avoit chargé en Afrique, alléguant qu'on l'avoit condamné en son absence, & en l'absence même de ses accusateurs, Eros & Lazare, dont le caractere étoit un grand préjugé de son innocence.

CHAPITRE XV.

Zosime convoque son clergé. Celestius se présente à cette assemblée. Fourberies & mensonges de ce Novateur. Zosime trop crédule, écrit vivement aux Evêques d'Afrique. Le concile de Carthage, pour se justifier, lui adresse une lettre synodique. Réponse du Pape à cette lettre.

PLUS le crime d'hérésie est odieux, plus il est naturel de sentir de la compassion pour ceux qui se plaignent d'en être faussement accusés. Zosime se laissa toucher. L'amour de la paix lui persuada que bien que l'appel interjetté par Celestius, cinq ans auparavant, eut été mis à néant par la non poursuite; il ne devoit pas rejetter sa demande, surtout Innocent son prédécesseur, ayant ordonné expressément que si Pelage & Celestius anathématisoient leurs erreurs, on ne leur fermât pas le sein de l'Eglise. Il convoqua donc son clergé dans la Basilique de saint Clement ; & Celestius s'étant présenté à l'assemblée, Zosime parut à la vérité trop crédule aux protestations de ce sectaire ; mais loin de vouloir donner atteinte aux décisions de son prédécesseur, ou examiner de nouveau ce qu'il avoit jugé touchant le dogme, il voulut que les lettres de ce Pape aux Evêques d'Afrique, servissent de régle pour juger de la catholicité de Celestius.

L'artificieux Novateur commença, dit saint Augustin, par protester que, s'il lui étoit échappé quelque erreur, il étoit prêt de s'en rapporter au jugement du ſaint Siége. Zoſime prit cette occaſion de lui demander s'il condamnoit tout ce que le diacre Paulin lui avoit objecté, & tout ce qui étoit condamné par les lettres du Pape Innocent. Il répondit qu'il acquieſçoit aux lettres d'Innocent ; mais qu'il ne pouvoit condamner ce que le diacre Paulin lui avoit objecté : Et il demanda d'être reçu à prouver que Paulin étoit hérétique. Zoſime ne prit pas le change. Il lui demanda *s'il condamnoit toutes les choſes dont il avoit été accuſé*. Il répondit : *Je les condamne ſelon le jugement d'Innocent d'heureuſe mémoire, votre prédéceſſeur* (a). Après ces déclarations, la profeſſion de foi de Celeſtius, dont on avoit fait la lecture, parut catholique ; non que Zoſime approuvât ce qui y étoit enſeigné contre le péché originel : il venoit lui-même

(a) *L. 2. ad Boniſ. c. 4.*

d'en exiger la condamnation en exigeant que Celestius acquiesçât à la décision d'Innocent ; mais c'est, dit saint Augustin, que *c'étoit une marque de catholicité, de soumettre ses opinions & ses doutes au jugement du Siége Apostolique* (a). Et cette soumission étoit marquée en termes formels dans la profession de foi. *Celestius*, continue S. Augustin, *ayant mis son sentiment touchant le péché originel, au nombre des questions dont il a reconnu qu'il doutoit encore, souhaitoit d'être instruit : c'est le désir qu'il montroit de se corriger, & non l'erreur qui a été approuvée dans un homme d'un si grand génie* (ibid.) *& qui pouvoit si bien servir l'Eglise, s'il eut changé de sentiment. Sa profession de foi a été reconnue catholique, parce que, lorsque l'on a quelques sentimens contraires à la vérité, c'est être catholique, que de ne les pas abandonner pour des véri-*

(a) L. 2. *ad Bonif.* c. 3.

tés certaines, & d'être disposé à les rejetter quand on en découvrira la fausseté.

Zosime interrogea aussi Celestius sur les accusations d'Eros & de Lazare. Il répondit : que *pour Lazare il ne l'avoit jamais vû qu'en passant, & qu'Eros lui avoit demandé pardon d'avoir eû mauvaise opinion de lui* (a). On ne sçait où Celestius a pû voir ces deux Evêques : car il ne paroît pas qu'il ait demeuré en Palestine, ou que ces deux Evêques soient venus en Italie ou en Afrique. Quelque satisfait que le Pape fût des réponses de Celestius, il remit la décision de l'affaire à deux mois, afin d'avoir le tems de recevoir d'Afrique les éclaircissemens nécessaires. Avant que de congédier l'assemblée, il exhorta Celestius & le clergé qui étoit présent, d'éviter les questions captieuses, parce

(a) 1a. Zosimi Epist. ad Afric.

qu'elles ne peuvent ſervir à l'édification, & qu'elles ſont une occaſion de chute aux grands hommes qui font un mauvais uſage de leur eſprit & de leur éloquence.

Quoiqu'il en eut couté bien des menſonges & des parjures à Celeſtius pour tromper Zoſime, il ſortit fort content de l'aſſemblée ; & de ſi heureux commencemens l'enhardirent à travailler auſſi à la juſtification du chef de la ſecte. C'eſt pourquoï, peu de jours après, il fit préſenter au Pape Zoſime la profeſſion de foi & la lettre que Pélage avoit adreſſées à Innocent, avec la lettre de recommandation de Praïle. Zoſime convoqua de nouveau ſon clergé, & la profeſſion de foi de Pelage fut lûe dans l'aſſemblée avec de ſi grands applaudiſſemens, que pluſieurs des aſſiſtans en verſerent des larmes de joye. Elle ne contenoit en effet aucune erreur. Mais le plaisir de voir le chef d'une secte reconnoître la vérité, empêcha de s'en défier. D'ailleurs, la jalousie des directeurs avoit prévenu plusieurs personnes du Clergé Romain contre saint Jérôme. Il n'en fallut pas davantage pour les rendre favorables à celui dont il combattoit les erreurs; car dans les contestations qui s'élevent sur la Religion, la haine ou la prévention contre les défenseurs de la vérité, donne quelquefois autant de partisans à l'erreur, que l'amour de la nouveauté.

En conséquence de ces deux assemblées, Zosime écrivit deux lettres fort vives aux Evêques d'Afrique. *Le prêtre Celestius*, dit-il dans la premiere de ces lettres, *s'est présenté à notre tribunal, demandant à se purger des crimes dont on l'a faussement accusé auprès du saint Siége..... Nous avons donc discuté*

tout ce qui a été fait jusqu'à présent....
Après avoir fait entrer Celestius dans l'assemblée, nous avons fait lire sa profession de foi ; & ne nous contentant pas de cela, nous lui avons fait plusieurs questions, pour découvrir si son cœur s'accordoit avec ses lévres.
Zosime reprend ensuite les Africains d'avoir ajouté foi avec trop de crédulité à des hommes tels que Lazare & Eros. Ils les assure que pour lui, il ne décidera rien dans cette cause qu'avec beaucoup de maturité ; & il cite ceux qui voudront accuser Celestius à comparoître dans deux mois, afin qu'il puisse prononcer, ayant entendu les parties. Le soûdiacre Basilisque somma nommément le diacre Paulin, qui avoit dénoncé Celestius au concile de Carthage, de se rendre à Rome. La lettre de Zosime est dattée du consulat d'Honorius & de Constantius ; c'est-à dire, de l'année

417. ſans datte du jour ni du mois. Mais elle ne peut avoit été écrite plus tard qu'au commencement de Septembre, puiſque le diacre Paulin fut cité le deuxiéme de Novembre de comparoître à Rome, lorſque les deux mois donnés pour le faire étoient deja écoulés.

Dans la ſeconde lettre adreſſée au même Prélat, & dattée du 21 de Septembre, Zoſime raconte ce qui s'eſt paſſé à Rome au ſujet de Pélage. *Plût à Dieu, mes très-chers Freres*, leur dit-il, *que quelqu'un de vous eut pû être préſent à la lecture de ces lettres. Quelle fut la joye des gens de bien qui y étoient préſens! Combien furent-ils ſurpris qu'on eût pu décrier des hommes d'une foi ſi intégre* (a)? *Quelques-uns d'eux ne purent retenir leurs larmes. Y a-t'il un ſeul endroit où il ait manqué de parler de la grace & du ſe-*

(a) 2a. *Zoſimi Ep. ad Afric.*

cours de Dieu.....? Je vois aussi que Pélage a été ainsi déchiré par Eros & Lazare. Est-il possible, mes chers Freres, que vous n'ayez jamais entendu dire quels hommes sont ces tourbillons & ces tempêtes de l'Eglise? Ignorez-vous leur vie & leur condamnation? Quoique l'autorité spéciale du saint-Siége les ait déja excommuniés, apprenez encore par cette lettre quelles sont les mœurs de ces hommes. Zosime fait ensuite de ces deux Evêques un portrait qui n'est assurément pas flaté. Le reste de la lettre est une réprimande aux Africains pour avoir trop précipité leur jugement, & une exhortation à se réjouir de ce que Pélage & Celestius n'ont jamais abandonné la vérité catholique, & que tout ce qu'on avoit publié d'eux n'est que calomnie.

Quelque prévenu que Zosime paroisse dans ces lettres en faveur de Pélage & de Celestius, il ne voulut porter aucun jugement avant que d'avoir entendu les Evêques Africains. Il ne crut pas même devoir lever l'excommunication dont Celestius étoit frappé. *On le traita doucement*, dit saint Augustin, *comme un phrénétique pour le rendre tranquille ; mais on ne crut pas encore qu'il fallut le délier des liens de l'excommunication* (a). *On accorda un délai de deux mois, jusqu'à ce qu'on eût récrit d'Afrique, & afin de lui donner le tems de venir à resipiscence.* Ainsi on ne peut point dire que Zosime se soit trompé dans un jugement, puisqu'il n'avoit pas encore jugé. C'étoit un procès qu'il instruisoit, & après avoir entendu une des parties, il l'a crut innocente. Mais avant que de prononcer, il voulut entendre l'autre partie qui le détrompa, & il rendit un jugement

(a) *August. de pecc. orig. c. 7.*

conforme à la vérité & à la justice. Quelques critiques ont pris le parti d'accuser de supposition les lettres dont on vient de parler; mais ce sentiment ne paroît pas assez fondé.

Zosime envoya aux Evêques d'Afrique avec ces deux lettres, les professions de foi de Pélage & de Celestius, & la lettre de recommandation de Praîle. Si toutes ces piéces surprirent étrangement ces Prélats, la conduite de Zosime, & sa facilité à croire les protestations des Novateurs, les affligerent sensiblement; mais ils s'en plaignirent à lui-même, sans s'éloigner du respect dû au saint Siége. Au contraire, ils conçurent plus que jamais la nécessité de demeurer unis à leur Chef, pour triompher de l'erreur qui s'éforçoit de les en séparer. Saint Aurele commença par indiquer un concile à Carthage pour la fin de cette année 417, ou pour le commencement de l'année suivante. En attendant, ce Prélat & les Evêques qui étoient à Carthage, écrivirent une lettre commune à Zosime pour le prier de ne rien décider dans cette affaire, qu'il n'eût vû la relation du concile qu'ils alloient tenir à ce sujet; & ils inséréerent dans cette lettre une protestation (*a*) contre tout ce que l'on pourroit faire à leur préjudice sans les avoir entendus.

Les Evêques d'Afrique accoururent en foule & en diligence au concile indiqué à Carthage, & ils s'y rendirent au nombre de deux cens quatorze. Ils recueillirent tous les actes de ce qu'ils avoient fait contre Pélage & contre Celestius, & les envoyerent à Zosime, avec une longue relation en forme de lettre, pour justifier leur conduite & leur zele. Com-

(a) *Obtestatio.*

me cette lettre n'est point venue jusqu'à nous, on ne peut juger de ce qu'elle contenoit, que par la réponse de Zosime, & par quelques traits répandus dans les ouvrages de saint Augustin & de saint Prosper. Il paroît que les Evêques Africains s'y plaignoient à Zosime de sa précipitation dans cette affaire, & de la crédulité avec laquelle il ajoutoit foi lui-même aux protestations de Celestius, sans se défier assez de ses artifices : sur quoi ils lui rappelloient l'exemple bien différent de S. Innocent son prédécesseur. C'est dans cette lettre synodique que les Evêques d'Afrique manderent ce que rapporte saint Augustin, lorsqu'il dit : *On écrivit d'Afrique à Rome, qu'il ne suffisoit pas pour les plus simples & pour les plus zélés, que Celestius protestât en général, comme il faisoit* (a), *qu'il se soumettoit aux*

(a) *L. 2. ad Bonif. c. 3.*

lettres d'Innocent ; qu'il devoit anathématiser ouvertement les erreurs qu'il avoit mises dans sa profession de foi, de peur que, s'il ne le faisoit, plusieurs personnes peu intelligentes ne crussent que le venin renfermé dans cette profession, avoit été plutôt approuvé par le saint Siége qui l'avoit nommée catholique, qu'il n'avoit été corrigé par la protéstation que l'auteur avoit faite de sa soumission aux lettres du Pape Innocent. Ils manderent dans la même lettre ce que rapporte saint Prosper en ces termes. *Deux cens quatorze Evêques se sont donc trompés, lorsque dans la lettre qu'ils ont mise à la tête de leurs actes, ils ont ainsi parlé au Pape Zosime : Nous avons résolu que la Sentence émanée du saint Siége de l'Apôtre saint Pierre, par l'organe du vénérable Innocent* (a)*, contre Pélage & Celestius demeurât en son entier, jusqu'à ce qu'ils confessassent clairement*

(a) *Adversus Collat.* c. 10.

la grace de Dieu par Jesus-Christ.

Le soûdiacre Marcellin fut dépêché à Rome en diligence pour porter cette lettre du concile d'Afrique. Il étoit aussi chargé de présenter à Zosime un mémoire de la part du diacre Paulin. Ce premier dénonciateur de Celestius n'avoit pas jugé à propos de se rendre à Rome, où il avoit été cité, & où il voyoit que ses ennemis étoient si puissans. Il prit le parti d'adresser à Zosime un mémoire, dans lequel il prenoit un tour aussi ingénieux que respectueux, pour s'excuser d'obéir à la citation qui lui avoit été faite. Il dit d'abord qu'il ne s'agit plus de sa cause particuliere, mais de celle de l'Eglise universelle, & il rend grace à Zosime de ce qu'il a déja jugé en sa faveur, en pressant Celestius de condamner ce que Paulin lui avoit objecté. Ensuite il touche adroitement les raisons qui pouvoient montrer la nullité de la citation. Il dit qu'elle ne lui a été faite que de vive voix, & lorsque le tems donné pour comparoître étoit déja écoulé. Il n'oublie pas de faire sentir qu'il n'est plus obligé de soutenir l'accusation qu'il a intentée, après que Celestius a négligé si longtems de poursuivre son appel. Au reste, les interrogations que Paulin rapporte avoir été faites par Zosime à Celestius, font bien connoître qu'on ne craignoit pas en Afrique que ce Pape décidât rien contre la foi, ou même qu'il favorisât l'erreur. *Votre Sainteté*, dit-il à Zosime, *suivant la décision d'Innocent, dans l'audience qu'elle donna à Celestius, lui fit cette question...... Avez-vous connoissance des lettres que le Siége Apostolique a écrites à nos Freres en Afrique? Ajoutant: Condamnez-vous toutes ces choses que nous avons condamnées, & tenez-vous ce que nous tenons ? Et encore : Condamnez-vous tous les sentimens qu'on vous a attribués ?*

Ce mémoire est datté du 8 Novembre ; ce qui pourroit faire croire que Marcellin, qui en fut le porteur, partit peu de tems après, & par conséquent que le concile, dont il porta aussi la lettre, se tint vers le même tems.

On ne sçait comment Zosime reçut le mémoire de Paulin ; mais il lut avec quelque chagrin la lettre du concile de Carthage, qu'il nomme un volume, comme pour se plaindre de sa longueur. Il y répondit au mois de Mars suivant, par une lettre assez courte adressée à Aurele & aux autres Evêques du concile de Carthage. Il la commence par défendre les droits du saint Siége que personne n'attaquoit ; & après avoir dit que *la tradition des Peres a donné une si grande autorité au ſaint Siége Apoſtolique, que perſonne n'oſeroit diſputer ſur les déciſions qui en ſont émanées* (ce qu'il établit ſur l'autorité des Canons, ſur la pratique conſtante de l'Egliſe, & ſur la promeſſe de Jeſus-Chriſt à ſaint Pierre); il ajoute : *Quoique notre autorité ſoit ſi grande, que perſonne n'oſeroit retoucher à notre déciſion, nous n'avons rien voulu faire ſans vous en donner connoiſſance par nos lettres...... Nous croyons vous avoir aſſez expliqué par nos premieres lettres les prétentions de Celeſtius, & nous croyons auſſi que vous y avez aſſez répondu par les écrits que vous avez envoyés.* Zoſime ſe plaint enſuite de la longue lettre des Evêques Africains, ſur ce que ces Prélats y ſuppoſoient qu'il avoit ajouté foi aux proteſtations de Celeſtius, ſans examiner toutes ſes paroles juſqu'à la derniere ſyllabe. Et il dit qu'il n'avoit garde d'agir avec précipitation dans cette affaire, parce qu'*il faut juger avec bien de la maturité, & après bien des délibérations, ce qu'on juge en dernier ressort*. Il finit en assurant les Prélats qu'il a eu égard à leurs remontrances & à leurs protestations, & que l'affaire est au même état où elle étoit, lorsqu'il leur écrivit la premiere fois. *Sçachez*, dit-il, *que nous n'avons rien fait dans cette affaire, ni après les premieres lettres que nous avons reçues de vous, ni depuis celles que nous venons de recevoir; mais que nous avons laissé toutes choses au même état où nous vous avons marqué par nos lettres qu'elles étoient depuis long-tems, pour avoir égard à la protestation que vous nous avez envoyée* (a). La lettre est dattée du 21 Mars, sous le douziéme consulat d'Honorius, c'est-à-dire, l'an 318; & il est marqué qu'elle

(a) *Zosim. tertiis litteris ad Afric.*

fut

fut reçue à Carthage le 29 d'Avril.

Saint Aurele en rendit compte deux jours après au nouveau concile, qui se tint le premier de May de la même année.

CHAPITRE XVI.

Concile plénier de toute l'Afrique. Canons de ce concile, contre l'hérésie Pélagienne. Zosime change sa douceur en sévérité. Il condamne Pélage & Celestius par une lettre adressée à tous les Evêques du monde.

CE second concile de Carthage fut un concile plénier de toute l'Afrique, ainsi que le nomme saint Augustin. Car parlant des deux conciles tenus à Carthage cette année, il dit : *Nous vous avons envoyé ce qu'on a écrit à Zosime du concile d'Afrique, & ce que nous avons décerné contre cette erreur dans le concile postérieur qui fut un concile plénier de toute l'Afrique* (*a*). Saint Aurele y présida avec Donatien, Primat de la Bizacene. On y fit huit célébres Canons contre l'hérésie Pélagienne qu'on croit devoir rapporter ici. Ce sont les Décrets contre l'erreur que saint Augustin dit avoir été faits dans ce concile.

I.

» Quiconque dit qu'Adam le
» premier homme a été créé
» mortel, ensorte que, soit qu'il
» péchât, ou qu'il ne péchât pas,
» il devoit mourir, ou sortir de
» son corps par la nécessité de
» la nature, & non en punition
» du péché; qu'il soit anathême.

(a) *Ep.* 215. *ad Valent.*

II.

« Quiconque dit qu'il n'est
» pas nécessaire de baptiser les
» enfans nouveaux nés, ou dit
» qu'on les baptise à la vérité
» pour la rémission des péchés;
» mais qu'ils ne contractent aucun
» péché d'origine; en sorte
» que la formule du baptême se
» trouve fausse à leur égard; qu'il
» soit anathême. Car ce que dit
» saint Paul (*a*) : *Par un seul homme*
» *le péché est entré dans le monde, &*
» *par le péché la mort qui a passé en-*
» *suite à tous les hommes, tous ayant*
» *péché en lui*, doit être entendu
» dans le sens que l'Eglise catho-
» lique, répandue par tout le
» monde, l'a toujours entendu.
» Puisque c'est à cause de cette
» régle de foi que les enfans qui
» n'ont pû commettre aucun pé-

(a) *Rom.* 5. 12.

» ché par eux-mêmes, sont véri-
» tablement baptisés pour la ré-
» mission des péchés, afin que ce
» qu'ils ont contracté en naiss-
» sant, soit lavé par la régéné-
» ration.

III.

« Quiconque dira que la gra-
» ce de Dieu, qui nous justifie
» par Jesus-Christ, n'est utile
» que pour la rémission des pé-
» chés qui ont été commis, &
» n'est pas aussi un secours pour
» n'en point commettre ; qu'il
» soit anathême.

IV.

« Quiconque dira que la mê-
» me grace de Dieu, par Je-
» sus-Christ notre Seigneur, ne
» nous aide à ne pas pécher, que
» parce qu'elle nous donne l'in-
» telligence des commandemens,

» pour nous faire connoître ce » que nous devons chercher ou » ce que nous devons fuir, & » qu'elle ne fait pas que nous ai- » mions à faire, ou que nous puiſ- » ſions faire ce que nous avons » connu devoir faire; qu'il ſoit » anathême. Car puiſque l'Apô- » tre dit que la ſcience enfle, & » que la charité édifie; c'eſt une » grande impiété de croire que » nous avons la grace de Jeſus- » Chriſt pour ce qui enfle, & que » nous ne l'avons pas pour ce qui » édifie. Car c'eſt également un » don de Dieu, que de ſçavoir » ce que nous devons faire, & » que d'aimer à le faire, afin que » la charité édifiant, la ſcience » ne puiſſe enfler (*a*). Or de mê- » me qu'il eſt écrit de Dieu qu'il » enſeigne la ſcience à l'homme, » de même eſt-il écrit que la cha- » rité vient de Dieu (*b*).

(a) *Pſalm.* 93. 10. (b) 1. *Joan.* 4. 7.

V.

« Quiconque dira que la gra-
» ce de la justification nous est
» donnée, afin que nous puis-
» sions faire plus facilement par
» la grace ce qu'on nous com-
» mande de faire par le libre ar-
» bitre ; comme si, quand même
» la grace ne nous seroit pas don-
» née, nous pouvions sans elle,
» quoique difficilement, obser-
» ver les commandemens de
» Dieu ; qu'il soit anathême.
» Car le Seigneur, parlant des
» commandemens, a dit : *Vous*
» *ne pouvez rien faire sans moi* (a) :
» & non pas : *Vous pouvez faire*
» *difficilement sans moi.*

VI.

« Quiconque pensera que ces

(a) *Jean.* 15. 5.

» paroles de l'Apôtre S. Jean (*a*):
» *Si nous disons que nous sommes*
» *exempts de péché, nous nous sédui-*
» *sons nous-mêmes, & la vérité n'est*
» *pas en nous*; doivent être en-
» tendues de sorte que ce soit
» l'humilité, & non la vérité,
» qui doit nous faire dire que
» nous ne sommes pas exempts
» de péché; qu'il soit anathême.
» Car l'Apôtre poursuit & ajou-
» te (*b*): *Si nous avouons nos péchés,*
» *il est fidelle & juste pour nous les*
» *remettre, & pour nous laver de*
» *toute iniquité.* Où l'on voit que
» c'est la vérité, & non l'humi-
» lité qui fait tenir ce langage.
» Car l'Apôtre pouvoit dire; si
» nous disons que nous sommes
» exempts de peché, nous avons
» des sentimens d'orgueil, & l'hu-
» milité n'est pas en nous. Mais il
» dit que la vérité n'est pas en ce-
» lui qui se dit exempt de péché.

(a) 1. *Joan.* 1. 8. (b) *Ibid v.* 9.

VII.

« Quiconque dira que ce
» n'est pas pour eux-mêmes
» que les Saints disent dans l'O-
» raison Dominicale, *Remettez-*
» *nous nos dettes*; cette demande
» ne leur étant pas nécessaire;
» mais qu'ils la font pour ceux de
» leur peuple qui sont pécheurs,
» & que c'est pour cela que cha-
» que Saint ne dit point, *Remet-*
» *tez-moi mes dettes*, mais *Remet-*
» *tez-nous nos dettes*; pour donner
» à entendre que c'est plutôt
» pour les autres que pour soi,
» que le juste fait cette demande;
» qu'il soit anathême. Car l'A-
» pôtre étoit saint & juste, lors-
» qu'il disoit : *Nous péchons tous en*
» *bien des choses*, &c.

VIII.

« Quiconque prétend que
„ c'eſt par humilité, & non ſe-
„ lon la vérité, que les Saints
„ diſent ces paroles de l'Oraiſon
„ Dominicale, *Remettez-nous nos*
„ *dettes;* qu'il ſoit anathême. Car
„ qui pourroit ſouffrir un hom-
„ me, qui dans ſa priere ment,
„ non aux hommes, mais au Sei-
„ gneur lui-même; qui dit des
„ lévres qu'il deſire qu'on lui re-
„ mette ſes dettes, & qui dit dans
„ ſon cœur qu'il n'a pas de det-
„ tes qu'on lui puiſſe remettre?

Outre ces huit Canons qui concernent le dogme, on en fit onze touchant la diſcipline. On trouve dans quelques manuſcrits un Canon attribué à ce concile, qui condamne le ſentiment de ceux qui admettent un lieu où les enfans morts ſans baptême vivent heureux après la mort; & Photius (*a*) autorise l'opinion de ceux qui reconnoissent l'autenticité de ce Canon; mais il n'a pas été inséré dans le texte du concile.

Il étoit naturel de proroger le concile, jusqu'à ce qu'on eût reçu la réponse définitive que Zosime promettoit. Mais le séjour de la ville capitale, quoique coloré du prétexte de défendre la Religion, n'y arrêta pas les Evêques Africains. Ils se contenterent, avant que de se séparer, de nommer des députés de toutes les Provinces, lesquels demeureroient à Carthage, pour être plus en état de suivre les affaires; & ils en dressérent le Canon suivant, le dernier de ceux de ce concile.

(*b*) « On a jugé à propos que le

(a) *Phot. Cod.* 53.
(b) *Can.* 19.

» concile élût trois Juges de chaque Province, afin que les Evêques assemblés ne fussent pas retenus plus long-tems; & l'on a élu de la province de Carthage, Vincent, Fortunatien & Clarus; de la province de Numidie, Alipius, Augustin & Restitut; de la province de Bizacene, avec le saint Primat Donatien Cresconius Jucondus & Emilien; de la Mauritanie Sitifienne, Sévérien, Asiatique & Donat; de la Tripolitaine, Plautius, qui selon la coutume a été seul député. Tous ces Evêques prendront connoissance de toutes les affaires avec le saint Primat Aurele; & le concile a demandé qu'il souscrivît à tous les actes & aux lettres.

Quelqu'une de ces lettres étoit sans doute adressée à Zosime. Mais ce saint Pape avoit déja jugé la cause de Celestius en dernier ressort, lorsque ce concile se tint; & la députation des Evêques, qui étoit comme une continuation du concile, n'attendit pas long-tems à Carthage ce jugement définitif.

En effet, Zosime qui avoit été ébranlé par les premieres lettres des Evêques d'Afrique, ne tarda pas à reconnoître par lui-même, que la douceur avec laquelle il traitoit le mal, ne faisoit que l'aigrir. Il changea tout à coup en une salutaire sévérité, une condescendance qui commençoit à faire murmurer les catholiques. Il indiqua donc une nouvelle assemblée de son clergé, & apparemment des Evêques qui se trouvoient à Rome, & fit sommer Celestius d'y comparoître pour s'expliquer plus clairement sur toutes les erreurs dont il étoit accusé & qu'il n'avoit condamnées qu'en termes vagues & généraux. L'imposteur jugeant par ces précautions que ses artifices étoient découverts, n'eût garde de se présenter à l'assemblée, & soit qu'il sortit de Rome, comme le dit Mercator, soit qu'il y demeurât caché chez quelque partisan de la secte, il disparut. Sa fuite fut une conviction de sa mauvaise foi. C'est pourquoi, quelques jours après, Zosime ayant assemblé son clergé & les Evêques des environs, condamna Pélage & Celestius, par une lettre adressée à tous les Evêques du monde chrétien, connue sous le nom de *Tractoria Zosimi*. C'est le nom que l'on donnoit aux lettres ou Constitutions qui étoient envoyées dans les diverses provinces de l'Empire aux dépens du public. Mercator dit que cette lettre étoit fort longue (*c.* 3.) Zosime y rapportoit plusieurs propositions de Pélage contre le péché originel, lesquelles il condamnoit nommément. On peut présumer qu'il n'y décidoit rien expressément touchant la grace, puisque les Evêques d'Afrique, en lui écrivant, prennent occasion de quelques paroles de cette lettre (*a*), pour en conclure qu'*il a voulu, comme en passant, frapper du glaive de la vérité ceux qui élevent le libre arbitre pour abaisser la grace de Dieu.*

Quelques fragmens qui nous sont restés de la lettre de Zosime, ne nous consolent pas de la perte d'une piéce à laquelle toute l'antiquité a donné de grands éloges. Saint Prosper dit qu'*elle arma du glaive de saint Pierre* (b), *tous les Evêques du monde pour couper la tête aux impies.* Saint Augustin, après en avoir cité un endroit (c), dit

(a) *In Collect. auctoritatum Epistolæ Cœlestini ad Ep. Galliarum subjecta.*

(b) *Contra coll. n.* 57. *edit. Benedict.*

(c) *Ep.* 157. *ad Optat.*

que la foi catholique y *est si clairement & si certainement expliquée ; que ce seroit un crime aux Chrétiens d'en douter*. Saint Celestin, ou plutôt l'auteur de l'addition faite à sa lettre, la nomme *une autorité qui doit servir de régle ; Regularis autoritas* (*a*) ; & Possidius n'a pas craint de la nommer avec la lettre de saint Innocent, *le jugement de l'Eglise catholique* (*b*). Cette lettre fut envoyée à toutes les Eglises du monde. Mercator nomme en particulier celles de Constantinople, d'Egypte, de Thessalonique & de Jérusalem. En l'envoyant en Afrique, le Pape y joignit une lettre particuliere pour les Evêques Africains, plus intéressés que les autres dans cette affaire.

(a) *Epistol. Cel. ad Gallos.*
(b) *Vita. Augustini*, c. 18.

CHAPITRE XVII.

L'Empereur Honorius appuye le jugement du ſaint Siége, par une Conſtitution Impériale, qui proſcrit le Pélagianiſme.

SAINT ZOSIME ne ſe contenta pas d'avoir porté une loi ſi ſalutaire, il prit des meſures efficaces pour la faire exécuter ; perſuadé que faire des réglemens contre l'erreur ſans tenir la main à leur exécution, c'eſt augmenter le mal, au lieu d'y remédier. Il implora donc la protection de l'Empereur Honorius qui étoit alors à Ravenne. Ce digne héritier de la piété du grand Théodoſe ſçavoit que la premiere obligation d'un Prince chrétien eſt de protéger la Religion ; que la politique, ſi rarement d'accord avec les maximes de l'Evangile, convient en ce point avec elles : qu'un Prince doit peu compter sur la fidélité de ceux qui sont infidéles à Dieu; & que les divisions qui naissent au sujet de la Religion, ne sont pas moins pernicieuses à l'Etat qu'à l'Eglise. Mais il n'ignoroit pas cette belle maxime du célébre Osius : Que *le Roi des Rois*, *& le Pontife des Pontifes a tellement partagé le gouvernement de son Eglise entre ces deux Puissances* (a), *qu'il a voulu que ce fût aux Pontifes à enseigner*, *& aux Rois à faire exécuter ce que les Pontifes enseigneroient.* Ce religieux Prince ne prévint donc pas le jugement du saint Siége; mais il le suivit avec joye, par une Constitution Impériale, qui peut servir d'aiguillon & de régle au zele d'un Prince chrétien. On la rap-

(a) *Apud Athan. Ep. ad Solit.*

porte ici pour la confusion de l'hérésie, qui ne manque jamais de traiter de persécuteurs les Puissances qui la proscrivent.

Les Empereurs Honorius & Théodose, Augustes, à Pallade, Préfet du Prétoire.

» Nous avons appris par la
» voix du public qu'il vient de
» se former un nouveau parti qui
» altére, par les artifices d'un
» esprit fourbe, la simplicité de
» la foi catholique, toujours
» brillante d'une lumiere pure.
» Cette secte, parée des dehors
» d'une science trompeuse, &
» puissante seulement par les
» violences où elle se porte, a
» l'audace de troubler la tran-
» quillité de la religion. Enflée
» par une vaine réputation d'es-
» prit, elle regarde comme une
» insigne marque de bassesse &

» de peu de mérite, de se ranger
» aux sentimens communs ; & se
» persuade que détruire la doc-
» trine communément reçue,
» c'est avoir remporté la palme
» de l'érudition. Pélage & Celes-
» tius passent pour les auteurs de
» ces dogmes impies.

» Ils attribuent à la Souverai-
» ne, Toute-Puissante & Eter-
» nelle Majesté de Dieu, auteur
» de toutes choses, une volonté
» si cruelle & si barbare, qu'ils
» prétendent qu'en formant le
» dessein de créer l'homme, il
» en a préféré la fin au commen-
» cement, & l'a soumis à la mort
» avant même sa naissance ; ils
» enseignent que la mort ne doit
» pas son origine aux embuches
» du péché, mais à la loi d'un
» arrêt immuable ; que la fuite
» du péché n'eut servi de rien
» pour l'éviter ; que sa puissance
» est tellement établie, qu'on ne

» peut à l'avenir la détruire ; que
» la faute dans laquelle la folie
» & l'aveuglement du premier
» homme l'ont précipité, n'a
» point passé à ses descendans,
» & n'a rendu coupable que ce-
» lui qui a eu le malheur de se
» laisser séduire par un attrait
» trompeur, quoiqu'il soit évi-
» dent par toute l'autorité de
» la foi catholique, que celui
» qui a transgressé le précepte
» divin, a été la porte par la-
» quelle la mort a passé à tous
» les hommes.
» Ils enseignent plusieurs au-
» tres choses contraires à la foi,
» dont il ne convient pas de par-
» ler, & qu'il seroit odieux de
» rapporter même dans une loi
» faite pour en punir les auteurs.
» Il est nécessaire d'y apporter
» au plutôt le remède le plus
» prompt, de peur que la négli-
» gence à réprimer le mal à sa

» naissance ne le rende bien-tôt
» incurable. Car nous avons ap-
» pris depuis peu que dans notre
» ville de Rome & dans plusieurs
» autres lieux, le venin perni-
» cieux a déja tellement infecté
» quelques esprits, qu'il leur fait
» abandonner le droit chemin
» de la foi pour former des fac-
» tions & des partis, & intro-
» duire un sujet continuel de dis-
» cussion dans l'Eglise, dont ils
» troublent la paix par ce nou-
» veau scandale; chacun d'eux
» pour défendre la nouveauté
» de ses sentimens, interprétant
» l'Ecriture selon le caprice & la
» portée d'un esprit artificieux,
» quoique l'autorité des saintes
» lettres soit claire, & nous dé-
» couvre assez ce que nous de-
» vons croire.

» C'est pourquoi, Pallade no-
» tre très-cher Pere, sçachez que
» nous avons ordonné par une

» loi irrévocable qu'on chasse
» de Rome Pélage & Celestius,
» les premiers chefs de cette secte
» détestable ; & que si on décou-
» vre en quelque lieu que ce soit
» des partisans de ce dogme sa-
» crilége, qui tiennent encore des
» discours sur quelqu'une des er-
» reurs condamnées, ils soient
» traînés au tribunal d'un juge
» compétent, par qui que ce soit
» qui les aura découverts. Que
» chacun, soit clerc ou laïque, ait
» le pouvoir de déférer & de pour-
» suivre sans prescription ceux
» qu'il aura reconnu s'écarter de
» la lumiere des sentimens com-
» muns, pour introduire les té-
» nébres des nouvelles disputes,
» en combattant, par les four-
» beries d'une nouvelle secte, la
» discipline Apostolique, & la
» doctrine si pure & si claire de
» l'Evangile, & en tachant d'ob-
» scurcir la vérité éclatante de

» la foi par des discours artifi-
» cieux & embarrassés.

» Nous ordonnons donc que
» tous ceux qu'on surprendra,
» tenant des discours en faveur
» de cette détestable secte, soient
» pris & accusés à l'audience pu-
» blique; & que si le fait est
» prouvé, ils soient inéxorable-
» ment condamnés par sentence
» publique, & conduits en exil.
» Car il est à propos de séparer
» de la société les auteurs du
» mal, & de ne pas souffrir dans
» le commerce de la vie des hom-
» mes, non-seulement détesta-
» bles par leurs actions, mais en-
» core contagieux par le venin
» de l'erreur dont ils sont infec-
» tés.

» Nous voulons que ces présen-
» tes soient publiées dans pres-
» que tout l'univers, c'est-à dire,
» dans toute l'étendue de notre
» Empire, afin que personne ne

» pouvant en prétendre cause
» d'ignorance, ne fomente plus
» l'erreur, & ne se flatte de pou-
» voir suivre impunément ces
» opinions, en feignant d'igno-
» rer qu'elles ont été proscrites
» par l'autorité publique. Donné
» à Ravenne le 29 d'Avril, sous
» le douziéme consulat d'Hono-
» rius, & le huitiéme de Théo-
» dose, c'est-à-dire, l'an 418.

La seule date de cette loi fait assez connoître qu'elle ne fut pas portée pour autoriser les Décrets du concile de Carthage contre le Pélagianisme, comme plusieurs Ecrivains l'ont avancé. Ces Décrets, que nous avons rapportés, sont dattés du premier May de la même année 418, & les autres conciles d'Afrique n'avoient fait aucun Décret dogmatique sur ce sujet, excepté le concile Provincial qui se tint en 412. contre Celestius. D'ailleurs, si Hono-rius

rius avoit porté sa loi pour faire exécuter ces Décrets, il n'eut pas manqué de parler de la grâce. Mais s'il reste encore là-dessus quelque difficulté, Possidius décide assez la question, en disant qu'Honorius ne porta de loix contre les Pélagiens, qu'en conséquence de la condamnation que les Souverains Pontifes en avoient faite. Voici ses paroles : *Les Saints Pontifes d'un si grand Siége, Innocent & Zosime, ayant condamné en divers tems & retranché du Corps de l'Eglise les Pélagiens; ils ordonnerent par des lettres adressées aux Eglises d'Afrique* (a), *à celles d'Orient & d'Occident, que tous les catholiques eussent à les anathématiser & à les éviter. Et le très-pieux Empereur Honorius ayant appris, & voulant suivre le jugement de l'Eglise catholique porté contre eux, les condamna par ses Loix, & or-*

(a) *Possid. vita August. c.* 18.

donna qu'on les traitât comme des hérétiques.

L'Empereur ne pouvoit ignorer que Pélage, qu'il ordonnoit de chasser de Rome, en étoit alors bien éloigné. Mais il vouloit noter ce Chef de parti, & empêcher qu'il ne pût un jour revenir dogmatiser dans la capitale de l'Empire.

Les Préfets du Prétoire firent publier la Loi d'Honorius, avec l'attache suivante.

Junius quartus Palladius, Monaxius & Agricola, Préfets du Prétoire, ont ordonné ce qui suit :

» Par Sentence du Prince, rendue contre Pélage & Celestius
„ qui combattent les dogmes de
„ la foi catholique par des écrits
„ pernicieux ; ils sont condamnés à être chassés de la ville &

„ de la ſociété des gens de bien.
„ Que tous ſoient donc avertis par
„ cet Edit, de ne point donner
„ dans ces funeſtes erreurs : Car
„ quiconque en ſera infecté, fut-
„ il laïque, ou clerc, il ſera dé-
„ pouillé de ſes biens, & con-
„ damné à un exil perpétuel, par
„ qui que ce ſoit qu'il ait été dé-
„ noncé au juge. Car comme une
„ humble ignorance des myſté-
„ res honore la ſuprême Majeſ-
„ té, des diſputes peu convena-
„ bles l'offenſent.

On ne connoît jamais mieux les forces d'une ſecte, que quand on prend des meſures efficaces pour l'abattre. C'eſt un ſerpent, qui, tandis qu'on ne l'inquiéte point, ſe gliſſe ſans bruit ſous l'herbe qui le cache, pour y répandre ſecretement ſon venin; mais dès qu'on l'attaque, & qu'il ſe ſent bleſſé, il ſe montre à découvert, & déploye pour intimider ceux qui le frappent, tous les replis qui cachoient l'étendue de son corps. Ainsi la Constitution de Zosime & celle d'Honorius, en terrassant le nouveau monstre, firent paroître toutes ses forces par la résistance qu'il fit au glaive des deux Puissances.

Les Pélagiens éleverent partout des cris furieux. Ils crierent à la persécution, contre l'Empereur & ses ministres. Ils accuserent le Pape d'avoir violé l'équité & trahi la vérité par sa Constitution. Ils reprocherent aux Evêques d'avoir, en s'y soumettant, trahi leurs consciences par complaisance pour la Cour. Ces plaintes améres, ces calomnies artificieuses, imposerent aux personnes simples. Mais les catholiques éclairés, regarderent les clameurs du parti comme les cris d'un phrénétique, qui ne peut souffrir les liens dont on l'arrête

& les remédes qu'on lui applique.

Les Pélagiens passerent en quelques endroits des murmures aux dernieres violences. Un laïque, nommé Constantius, se distinguoit à Rome par son érudition & par son zele contre l'erreur. Il avoit eû l'honneur de défendre le premier la vérité, avant même saint Augustin & saint Jérôme (*a*). Il eut cette année 418, le bonheur de souffrir pour elle. Les Pélagiens lui firent endurer tant de maux, dit saint Prosper (*b*), qu'ils le mirent au nombre des saints Confesseurs.

On ne sçait point d'autre circonstance de ce fait sur lequel le silence de l'histoire est surprenant; sur-tout si ce Constantius est celui que Pallade (*c*) met au

(a) *Auct. prædest. heres.* 88.
(b) *Prosp. in Chron. ad an.* 418.
(c) *Pallad. Lausiaca hist. c.* 124.

rang des personnes qui étoient célébres à Rome par leur piété & par leur érudition, & auquel il donne la qualité d'assesseur des Préfets.

CHAPITRE XVIII.

On souscrit par-tout la Constitution de Zosime. Le prêtre Sixte la signe, & publie un traité pour la défendre contre les Réfractaires. Saint Augustin compose deux ouvrages, l'un de la grace de Jesus-Christ; *l'autre*, du péché originel. *Le saint Docteur va, par ordre de Zosime, à Césarée de Mauritanie.*

ZOSIME n'ignoroit pas que la protection que plusieurs Evêques, & grand nombre d'Ecclésiastiques donnoient secrétement à l'erreur, étoit le malheureux levain qui causoit une si violente fermentation. Pour conserver la foi de ses ouailles, il crut devoir s'assurer de celles des pasteurs. Ainsi afin d'ôter à l'hérésie le masque qui la cache quelquefois jusque dans le Sanctuaire; en envoyant sa Constitution dans les diverses parties du monde, il ordonna que les Evêques la souscrivissent & la fissent souscrire à ceux de leur Clergé, dont la foi seroit suspecte. Il commença lui-même par la faire souscrire au Clergé de Rome qu'il assembla pour ce sujet. Le prêtre Sixte y tenoit le premier rang par son érudition & son crédit. Les Pélagiens avoient publié par-tout qu'il étoit dans leurs sentimens; soit, ce qui paroît plus probable, qu'il eut donné par sa conduite quelque sujet à de pareils soupçons, soit que ce fût une pure calomnie. Mais dès que Zosime eut proposé la souscription de la Constitution, Sixte ne songea à se distinguer que par sa soumission; & il fut le premier à crier anathême à Pélage & à Celestius. En quoi il fut suivi de tout le Clergé. Sixte fut depuis élevé sur la chaire de saint Pierre. Mais quoiqu'il ne fut alors que simple prêtre, son autorité étoit si grande, que toute l'Eglise se rejouit de sa déclaration contre l'erreur. Il en écrivit lui-même à saint Aurele de Carthage, par l'Acolythe Leon, qui fut aussi dans la suite élevé au souverain Pontificat, où il mérita le surnom de Grand. Leon étoit envoyé par Zosime, pour porter en Afrique la Constitution contre Celestius, & la lettre particuliere adressée aux Evêques Africains.

Les Prélats députés de cette grande Eglise étoient encore à Carthage, ayant à leur tête Aurele, Primat d'Afrique, & Donatien, Primat de la Bizacene, lorsque Leon y arriva chargé de ces importantes dépêches. On peut juger par l'ardeur de leur zele, quelle joye ils en dûrent ressentir. Ils ne différerent pas de la témoigner. Le bruit de l'arrivée de Leon, & du sujet de son voyage s'étant répandu dans l'Afrique, attira bientôt à Carthage un grand nombre d'Evêques, qui s'y assemblerent pour recevoir la nouvelle Constitution avec plus de solemnité & de respect. On la lut dans cette assemblée, qui fut une continuation & une séance du concile plénier, tenu le mois de May précédent. Les Evêques s'empresserent d'y souscrire, & ils écrivirent à Zosime, pour lui rendre grace, une lettre synodique, dont il ne reste qu'un fragment que saint Prosper nous a conservé. (*Contra Collat. c.* 10.)

La lettre que le prêtre Sixte avoit écrite à saint Aurele pour lui donner avis de la démarche qu'il venoit de faire, en se déclarant hautement contre l'erreur, donna tant de joye à l'Eglise d'Afrique, que saint Augustin (a) témoigne que les Evêques s'empressoient de la transcrire pour pouvoir la lire aux autres. Sixte ne se contenta pas d'avoir confessé la vérité; il entreprit de la défendre, & il écrivit sur ce sujet un traité qu'il envoya peu de tems après par le prêtre Firmus à saint Alipius & à saint Augustin, qui de son côté travailloit à un grand ouvrage contre les Pélagiens, dont voici l'occasion.

Albine Dame Romaine, Pinien son gendre, & la jeune Mélanie sa fille, s'étant retirés en Palestine pour s'y consacrer au Seigneur, eurent occasion d'y voir

(a) *August. ep. ad Sixt. 193.*

Pélage. Comme il avoit eu des liaisons avec cette famille, à cause de l'ancienne Mélanie & de Ruffin ; ils se flatterent qu'ils auroient assez d'autorité sur son esprit pour lui faire condamner les erreurs dont on l'accusoit. Ils l'en presséerent ; & il leur fit la protestation suivante. *J'anathématise celui qui croit & qui dit que la grace de Dieu par laquelle Jesus-Christ est venu au monde pour sauver les pécheurs, n'est pas nécessaire* (a), *non-seulement à chaque heure & à chaque instant, mais encore pour chacune de nos actions. Que ceux qui combattent cette grace soient condamnés aux peines éternelles.*

Les serviteurs de Dieu jugeant de la droiture des autres par la leur, crurent qu'une déclaration si précise étoit suffisante, & ils en écrivirent à saint Augustin. Le saint Docteur attendit le ju-

(a) *Apud August. de Gratia Christ. c. 2.*

gement que Zosime porteroit de Pélage, pour leur découvrir les artifices de ce sectaire ; & il le fit alors par un ouvrage divisé en deux livres, dont le premier est intitulé, *de la grace de Jesus-Christ*, & le second, *du Péché Originel*. Il montre dans le premier livre que tout ce que Pélage dit sur la grace, n'est qu'un langage artificieux, qui peut s'entendre de la rémission des péchés, de la nature, de la loi, de la possibilité naturelle. Il examine à ce sujet les ouvrages auxquels Pélage avoit renvoyé pour montrer sa catholicité sur la grace ; à sçavoir, sa lettre à Démétriade, & celle à saint Paulin & à Constantius, & ses livres du libre arbitre. Le saint Docteur ne trouve rien dans tous ces ouvrages, qui ne puisse être expliqué selon le sens hérétique que Pélage expose clairement dans ses livres du libre arbitre ; & venant au détail, il ajoute : *Pélage distingue trois choses, par lesquelles, selon lui, les préceptes sont accomplis ; la possibilité, la volonté & l'action* (a). *La possibilité, par laquelle l'homme peut être juste ; la volonté, par laquelle il veut être juste ; & l'action, par laquelle il est juste. Il avoue que la premiere de ces trois choses, c'est-à-dire, la possibilité, a été accordée à la nature par le Créateur, & qu'elle ne dépend pas de nous. Mais il nous attribue tellement les deux autres, qu'il prétend qu'elles ne sont que de nous ; & que la grace ne nous aide en aucune maniere pour ces deux choses, qui dépendent de nous ; c'est-à-dire, pour la volonté & l'action : mais bien pour celle qui n'en dépend pas, c'est-à-dire, pour la possibilité.... Voilà*, conclud saint Augustin, *tout le dogme de Pélage dans son troisiéme livre du libre arbitre*.

(a) De Gratia Christi, c. 3.

Le Docteur de la grace, après avoir réfuté ce systême, en montrant la nécessité d'une grace intérieure qui aide la volonté, & qui coopére à l'action, déclare qu'il seroit d'accord avec Pélage, si ce sectaire vouloit reconnoître *que la grace de Dieu par Jesus-Christ aide non-seulement la possibilité, quoique l'homme ne veuille pas, & ne fasse pas le bien* (c. 47.). *Mais qu'elle aide encore la volonté & l'action, & qu'elle les aide, desorte que sans ce secours nous n'avons aucune bonne volonté, ni ne faisons aucune bonne action.* On voit par ce passage que saint Augustin admettoit des graces purement suffisantes qui nous donnent le pouvoir de vouloir & de faire le bien, quoique nous ne le veuillions ni ne le fassions pas. On y voit aussi que Pélage n'erroit pas moins sur la nécessité de la grace, que sur sa nature. Il disoit qu'*elle est donnée afin que les hommes puissent plus facilement accomplir par la grace ce qu'il leur est commandé de faire par leur libre arbitre*, &c. Et Saint Augustin lui répondoit. *Otez ce mot*, plus facilement, *& non-seulement le sens de votre proposition est complet; mais il est catholique. Mais ce mot ajouté, fait entendre qu'on peut faire de bonnes œuvres sans la grace.*

Le saint Docteur reconnoît en finissant ce livre que *la question du libre arbitre & de la grace est difficile; que quand on défend le libre arbitre on paroît nier la grace; & que quand on défend la grace, on paroît nier le libre arbitre.*

C'est une réponse qu'il nous fournit contre les chicanes des Novateurs, qui abusent de quelques endroits de ses écrits pour combattre la liberté, ou qui prétendent que les Pélagiens n'ont été traités en hérétiques après le jugement du Pape, & l'acceptation des Evêques, que parce qu'ils attaquoient des dogmes clairs, & qui ne souffroient point de difficultés.

Dans le second livre intitulé, *du Péché Originel*; saint Augustin, après avoir exposé le sentiment de Celestius par sa profession de foi, & par les actes du premier concile de Carthage, fait sentir la mauvaise foi de Pélage au concile de Diospolis, & dans sa lettre à saint Innocent. Il justifie la conduite de Zosime envers ces deux hérétiques, & s'attache à montrer que Pélage a les mêmes sentimens sur le péché originel que Celestius (c. 12.); qu'*il n'y a entre eux de différence, si ce n'est, que l'un est plus ouvert, l'autre plus caché; l'un plus opiniâtre, l'autre plus fourbe*; que la dispute du péché originel n'est pas du nombre des questions qui n'appartiennent pas à la foi, comme les Pélagiens le publioient, pour mieux tromper; & que la propagation du péché par la génération n'empêche pas la sainteté du mariage.

A peine saint Augustin avoit il achevé cet ouvrage pendant son séjour à Carthage, qu'il reçut ordre du Pape Zosime de se rendre à Césarée de Mauritanie, pour y terminer quelques affaires ecclésiastiques par l'autorité du S. Siége. Il obéit avec la promptitude & la soumission dûe au Souverain Pontife; & il étoit encore à Césarée avec Alipius & Possidius le 20 de Septembre de cette année 418, jour de la célébre conférence qu'il y eut avec Emérite, Evêque Donatiste. Son zele ne l'y rendoit pas moins attentif à la réformation des mœurs, qu'à l'extirpation des erreurs. Il fut sensiblement touché de voir dans cette ville un jeu cruel, ou plutôt le spectacle d'une guerre civile se renouveller chaque année. Le peuple s'assembloit en certain tems ; & se divisant en deux bandes, se battoient à coups de pierre. Non-seulement les citoyens combattoient contre les citoyens, mais les freres contre les freres, & souvent les enfans contre les peres. S. Augustin prêcha avec véhémence contre un jeu si barbare & si cruel. On lui donna de grands applaudissemens ; mais il crut n'avoir rien fait, tandis qu'on ne fit que lui applaudir : il continua de parler avec tant de force contre ce désordre, qu'il vit bientôt changer les applaudissemens de son auditoire en gémissemens & en sanglots, les seuls vrais éloges de l'orateur chrétien. Dès qu'il vit couler les larmes (*a*), il jugea les cœurs changés, ainsi qu'il le raconte lui-même. En finissant brusquement son discours,

(a) *De Doct. Christ. l. 4. c. 24.*

il remercia le Seigneur, & il invita ses auditeurs à le remercier d'un changement si inopiné.

CHAPITRE XIX.

Lettres de saint Augustin : à Optat, sur l'Origine des ames ; à Mercator, sur quelques objections des Pélagiens ; à Sixte, sur la nécessité de réprimer ces Novateurs, & de ne pas se contenter de leur silence. Autre lettre au même Sixte, sur la gratuité de la grace & de la prédestination. Lettre au Comte Valere, avec le premier livre sur les nôces & la concupiscence.

PENDANT le séjour que saint Augustin fit à Césarée, le moine René, à qui l'Evêque Optat avoit proposé quelques difficultés sur l'origine des ames, le pria d'y répondre pour lui. L'Evêque Muresses lui fit la même priere. Ainsi au premier loisir qu'il eut, il écrivit une lettre à Optat sur ce sujet: Il y avoue d'abord qu'il n'a osé dans aucun de ses ouvrages prendre de parti sur une question si obscure. Mais dans l'exposition qu'il fait des divers sentimens, on s'apperçoit qu'il panche pour celui de la propagation des ames. Il paroît toujours espérer que saint Jérôme voudra éclaircir ses doutes. Au reste, il avertit Optat que l'obscurité de cette question ne doit pas lui faire éviter avec moins de soin la nouvelle hérésie; & de peur qu'il n'ait pas encore vû les lettres de Zosime, qui la condamnent, il les lui envoye. Saint Augustin avoit quitté Césarée, lorsqu'il écrivit cette lettre.

A son retour à Hippone, il trouva des lettres de plusieurs de ses amis ; à sçavoir, de Mercator, du prêtre Sixte, & du comte Valere. Mercator lui envoyoit un ouvrage qu'il avoit composé contre l'hérésie Pélagienne, & sur lequel il lui demandoit son sentiment, avec la solution de plusieurs objections des Pélagiens. On ne doute pas que ce ne soit le Marius Mercator dont nous avons les opuscules, touchant le Nestorianisme & le Pélagianisme. On croit par les termes dont saint Augustin use à son égard qu'il étoit simple laïque ; quoique Possidius le nomme Evêque. C'est deviner, que de vouloir marquer quel étoit cet ouvrage qu'il envoyoit à Hippone ; ceux qui nous restent de lui, ayant été composés long-tems après. Saint Augustin en lui répondant lui témoigne qu'il est sensible à l'honneur qu'il lui fait de le consulter, & il l'encourage au travail en louant son ouvrage,

& le progrès qu'il avoit fait. Il résout ensuite les difficultés proposées qui roulent sur la mort & la résurrection de tous les hommes. Cette partie de sa lettre est insérée dans sa réponse aux questions du tribun Dulcitius.

Sixte envoyoit aussi à saint Augustin un ouvrage qu'il avoit composé contre les Pélagiens. Le saint Docteur ne différa pas à lui répondre par l'Acolythe Albin, pour le congratuler sur cet écrit. *Que peut-on lire de plus agréable*, lui dit-il, *qu'une si parfaite défense de la grace divine contre ses ennemis, émanée de la bouche même de celui qu'on faisoit passer pour un de leurs plus puissans protecteurs?* Il ajoute: *Quoique vous fassiez bien d'écrire à ceux de vos freres, auprès de qui ces hérétiques se sont vantés de votre amitié, il vous reste des soins plus importans à prendre. Il vous faut travailler non-seulement à faire punir avec sévérité ceux qui osent débiter ouvertement une erreur si opposée à la foi chrétienne ; mais encore à ce que la vigilance des pasteurs, par charité pour les ouailles foibles & timides, fasse éviter avec soin ceux qui enseignent cette erreur sourdement & comme à l'oreille.... Il ne faut pas non plus*, continue saint Augustin, *négliger ceux qui ne cessent point d'avoir de mauvais sentimens ; mais que la crainte retient là-dessus dans un profond silence. Car il y en a qui ont pû se faire connoître à vous, avant que cette hérésie fût ouvertement proscrite par le saint Siége, & que vous voyez maintenant garder tout-à-coup le silence. Il faut non-seulement qu'ils gardent le silence sur leurs faux dogmes ; mais qu'ils montrent le même zele pour soutenir la saine doctrine. On doit cependant les traiter avec plus de douceur. Car, qu'est-il nécessaire de les intimider ? Leur silence fait assez connoître qu'ils ont peur. Il ne faut point les regarder comme ſains ; leur playe eſt cachée. Il ne faut pas les intimider, il faut les inſtruire.* De pareils traits montrent bien que ſaint Auguſtin ne croyoit pas qu'un ſilence prétendu reſpectueux fût ſuffiſant pour rendre à une Conſtitution Apoſtolique l'obéiſſance qui lui eſt dûe. L'expérience lui avoit appris que le grand nombre des partiſans d'une ſecte eſt toujours de ces ames fourbes & lâches, qui gardent un ſilence artificieux, quand l'autorité a parlé, ou qui changent de langage, ſans changer de ſentimens.

Saint Auguſtin, pour rendre la pareille à Sixte, en lui envoyant auſſi de ſes ouvrages, lui écrivit peu de tems après une ſeconde lettre, qu'on peut nommer un traité ſur la gratuité de la grace & de la prédeſtination. Il montre qu'on ne peut mériter la grace ; que

que de la même masse de perdition, les uns sont délivrés par la miséricorde, & les autres y sont laissés avec justice ; que la foi est un don gratuit ; que la priere est elle-même une grace ; que tout pécheur est inexcusable à cause du péché d'origine, ou des péchés actuels ; que l'*ignorance est un péché dans ceux qui n'ont pas voulu connoître, & qu'elle est la peine du péché dans ceux qui ne l'ont pû* ; qu'on ne peut dire que Dieu permette que de deux enfans, l'un meure sans baptême, & l'autre après avoir été baptisé, parce qu'il prévoit les bonnes œuvres que celui-ci auroit faites, & les péchés que celui-là auroit commis, s'ils avoient vécu ; que les cérémonies du baptême font connoître que les enfans sont dans l'esclavage du démon. Il congratule encore Sixte dans cette lettre de sa déclaration contre les Pélagiens. *Il faut vous l'avouer,* lui dit-il : *nous étions extrêmement affligés, lorsque nous apprenions par le bruit public, que vous favorisiez les ennemis de la grace de Jesus-Christ; mais pour chasser cette tristesse de nos cœurs, la même renommée ne nous a pas laissé ignorer que vous aviez été le premier à leur dire anathême dans une assemblée nombreuse du peuple.* Il l'avertit qu'il en a assez fait pour intimider les disciples de Pélage ; qu'il est tems de s'appliquer à les instruire : ce qui montre que Sixte, à qui Zosime donnoit beaucoup d'autorité, employoit cette autorité à poursuivre les Pélagiens. Il sçavoit que quand on a eu une fois le malheur d'être, comme lui, suspect sur la foi, les paroles & les protestations ne suffisent pas pour effacer cette tache ; il faut alors des actions, & elles ne peuvent être trop éclatantes.

Le comte Valere, dont saint Augustin avoit reçu une lettre avec celle de Sixte, étoit un Seigneur à qui le séjour de la Cour, & les soins d'une des premieres charges de la milice, n'avoient rien fait oublier de ce qu'il devoit à la Religion. Au milieu de ses plus grandes occupations, il trouvoit le tems de s'en instruire par la lecture des ouvrages faits pour la défendre, & il la défendoit lui-même avec la liberté & l'autorité d'un grand Capitaine. Les Pélagiens avoient espéré de gagner son estime par les intrigues d'un de ses domestiques, nommé Valérien. N'y ayant pas réussi, ils s'efforcerent de lui rendre odieux les défenseurs de la vérité, & ils firent passer jusqu'à lui des écrits où l'on accusoit S.

Augustin de condamner le mariage.

Valere, qui avoit reçu deux lettres de l'Evêque d'Hippone, sans lui répondre, prit cette occasion de lui écrire par le prêtre Firmus, qui étoit aussi porteur de la lettre de Sixte.

Saint Augustin n'étoit pas d'humeur à souffrir patiemment qu'on l'accusât d'hérésie. Il repoussa vivement la calomnie, par le premier livre des *Nôces & de la concupiscence* qu'il adressa avec une lettre au comte Valere. Le dessein qu'il se proposa dans cet ouvrage, est de distinguer le bien du mariage d'avec le mal de la concupiscence ; & de montrer que le mariage est bon, en ce qu'il fait servir au bien, le mal de la concupiscence. Il dit que les biens du mariage, sont la génération des enfans, la fidélité mutuelle des époux, & le Sacrement qui les unit ; & que la continence ne rompt pas le lien du mariage, ce qu'il montre par le mariage de la sainte Vierge & de saint Joseph. Il fait consister le mal de la concupiscence en ce qu'elle vient du péché, & qu'elle porte au péché, & qu'elle est la cause que d'un mariage légitime de parens justes & enfans de Dieu, il naît des enfans du démon. Ce qu'il explique par l'exemple de l'olivier franc qui ne produit qu'un olivier sauvage. *Quiconque*, dit-il, *naît de cette concupiscence, qui est la fille du péché, & qui devient la mere de plusieurs péchés, quand on consent à ses honteuses suggestions, naît coupable du péché originel.* Surquoi l'on peut remarquer en passant, que saint Augustin, qui jusqu'ici n'a paru si embarrassé sur l'origine des ames, que pour expliquer la maniere de la propagation du péché originel, paroît enfin avoir pris son parti indépendamment de cette question, en établissant que la concupiscence est comme le vehicule qui transmet le péché originel; ce qu'il insinue aussi dans la lettre à Sixte écrite dans le même-tems. On verra dans la suite comment son sentiment sur la concupiscence fut attaqué & défendu.

CHAPITRE XX.

Julien rejette la Constitution de Zosime. Il s'associe dix-sept Evêques, & en appelle au futur concile. Il publie un corps de doctrine.

TANDIS que l'amour de la Religion occupoit ainsi les Docteurs catholiques à sa défense ; l'erreur devenue plus furieuse, par les coups qu'on lui avoit portés, ne laissoit pas oisifs ses ouvriers d'iniquité. Julien auroit pû lui seul relever un parti abbatu. La réputation de ses ouvrages prévenoit les esprits en sa faveur. Ses aumônes & sa piété apparente lui avoient gagné les cœurs du peuple : sa naissance lui assuroit pour son parti la protection des personnes de qualité ; & quand ces avantages lui auroient manqué, son esprit vif & entreprenant lui auroit fourni des ressources capables d'y suppléer. Dès qu'il avoit vû paroître la Constitution de Zosime, il avoit pris le parti de la rejetter. Mais il jugea qu'avant que de se déclarer, il falloit se former un parti capable de soutenir l'éclat qu'on vouloit faire. Il se servit de l'autorité qu'il avoit dans l'Episcopat, pour solliciter la foi des Evêques. Il leur peignit la Constitution, comme une piéce qui n'étoit propre qu'à établir le Manichéisme, & qu'à troubler les consciences, en obligeant de souscrire à la condamnation des Innocens. Il publioit que le Pape avoit été surpris; que les présens des Evêques Africains avoient corrompu les Ministres de l'Empereur; qu'on avoit foudroyé une hérésie chimérique, & qui n'existoit que dans l'imagination de ceux qui avoient inventé les sens attribués aux propositions de Pélage & de Celestius ; qu'on avoit usé de violence pour faire recevoir cette Constitution au Clergé de Rome. Ces bruits artificieusement répandus, & mille autres intrigues, indisposerent insensiblement plusieurs Prélats, & un grand nombre d'autres personnes, contre la nouvelle Constitution.

Zosime qui vit le trouble, & qui n'en ignoroit pas le principal auteur (*a*), fit sommer Julien de se soumettre, avec toute l'Eglise, à sa Constitution. Le rusé sectaire, qui vouloit encore gagner du tems, prit le parti d'écrire au Pape une lettre artificieuse. Ses émissaires la répandirent dans toute l'Italie, avant qu'elle tombât entre les mains de Zosime ; & en la distribuant, ils l'annon-

(*a*) *Mercator*, c. 6. *Subnot.*

çoient par tout comme un chef-d'œuvre. C'eſt le langage des Novateurs, lorſqu'ils parlent des ouvrages de leur ſecte. Les fragmens qui nous reſtent de cette lettre, font voir que Julien s'y propoſoit d'éluder la cenſure des propoſitions de Celeſtius, proſcrites par Zoſime, en donnant des explications étrangeres au ſens de ces propoſitions, & en ne les condamnant que relativement à ces explications. En liſant dans Marius Mercator (*a*) les ſens illuſoires & équivoques, ſelon leſquels Julien condamnoit ces propoſitions, tandis qu'il les ſoutenoit réellement ſelon le vrai ſens où elles avoient été condamnées; on eſt ſurpris de voir juſqu'où un Prélat, qui paſſoit pour un Saint dans ſon parti, portoit la fourberie. Le trouble augmenta par ſes intrigues; & il vint à bout

(a) *Subnotationum in verba Juliani Capite 6.*

d'attacher à ses intérêts & à son parti dix-sept Evêques d'Italie.

Zosime ne se laissa ni surprendre par les artifices, ni étonner par les clameurs ou par le nombre des opposans à sa Constitution. Au contraire, la résistance que trouvoit le remède, lui fit juger de la grandeur du mal. Il pressa les Evêques réfractaires de souscrire au plutôt, sans quoi il les menaça de les excommunier & de les déposer. Julien ne vouloit pas se soumettre, & ne pouvoit plus reculer. Il craignoit les foudres du saint Siége qu'il entendoit gronder sur sa tête; il prévoyoit qu'une excommunication lui enleveroit dans l'esprit des peuples catholiques la réputation de sainteté qu'il s'étoit ménagée jusqu'alors avec tant de soin. D'un autre côté, il craignoit encore plus la fausse honte de la soumission, & les reproches des Prélats qu'il avoit engagés dans cette affaire. Il étoit flaté par la gloire d'être à sa tête d'un parti qui lui prodiguoit les louanges les plus outrées. Il ne balança pas. Mais comme l'esprit de l'erreur est un esprit de chicanes éternelles, il en inventa une nouvelle qu'il jugea propre à pallier sa rebellion, & à prévenir les effets des censures dont il étoit menacé. Il interjetta en son nom & au nom des dix-sept Prélats, ses adherans, un appel de la Constitution de Zosime au futur concile général. Procédure inouie jusqu'alors, & qui depuis Julien jusqu'à nos jours, n'avoit été mise en usage contre une Constitution dogmatique du Pape, que par un Michel Cesennes, moine schismatique, & par un Luther moine apostat & hérésiarque.

Julien qui avoit prévû qu'une démarche si insolite & si hardie ſcandaliſeroit les fidéles, & le feroit regarder comme un hérétique par les perſonnes inſtruites, dreſſa en ſon nom, & au nom des Evêques appellans, un corps de doctrine artificieux, qu'il envoya au Pape, & qu'il fit répandre dans toute l'Italie, comme un manifeſte de ſa conduite, & une preuve de ſa catholicité. Cet écrit, à la vérité, dans le manuſcrit qu'on en a, eſt marqué être adreſſé à Auguſtin, & l'on croit que c'eſt un Auguſtin qui étoit alors Evêque d'Aquilée; mais il eſt plus naturel de reconnoître que c'eſt une faute du Copiſte. Ce qu'y diſent les Evêques appellans ne peut guere convenir qu'à Zoſime, à moins qu'on ne ſuppoſe que l'Evêque d'Aquilée, étant chargé de faire ſouſcrire la Conſtitution de Zoſime, quelques-uns de ſes ſuffragans, qui étoient du nombre des appellans, lui envoyerent l'écrit dont il s'agit. Mais dans cette supposition, il faut reconnoître que les autres, & sur-tout Julien, n'auroient pas manqué de l'adresser aussi à Zosime.

Quoiqu'il en soit, Julien qu'on croit l'auteur de ce corps de doctrine, le commence par exposer sa créance sur la Trinité, l'Incarnation & les principaux Mysteres de la Vie de Jesus-Christ, sur le Jugement dernier, & la Résurrection des hommes. Il s'exprime d'une maniere captieuse & enveloppée sur la nécessité du baptême & sur la grace. *Nous confessons*, dit-il, *un seul baptême, selon la tradition de l'Eglise, & le précepte de Dieu. Nous tenons & enseignons qu'il est véritablement nécessaire à tous les âges, & que personne ne peut sans le baptême obtenir la rémission des péchés & le royaume des cieux.* L'artifice consiste dans la distinction que les Pélagiens mettoient entre le royaume des cieux & la vie éternelle, qu'on pouvoit, selon leur doctrine, obtenir sans le baptême. Julien ajoute : *Nous disons, pour sauver la justice de Dieu, que les préceptes de la loi sont possibles, & qu'on peut tous les accomplir par la grace de Jesus-Christ, laquelle nous aide, & nous accompagne dans toutes les bonnes œuvres, & par le libre arbitre, qui est lui-même un don de Dieu. Cependant nous admettons tellement cette grace, que nous prétendons qu'elle ne suit pas ceux qui la rejettent, & qu'elle n'abandonne point ceux qui la suivent.*

Julien semble ici rejetter la grace prévenante, & jetter par-là les premieres semences du semi-Pélagianisme. Il ne déguise point ses sentimens sur le péché originel. *Ce que nous avons exposé*, dit-il, *de la bonté, de la nature, des bénédictions, & de la dignité du*

Mariage, nous oblige de rejetter par une conséquence nécessaire le péché naturel, quelque nom qu'on lui donne, pour ne point faire à Dieu, Créateur de toutes choses, l'injure de croire qu'il crée quelque chose avec le péché, & que les témoignages des Ecritures sont faux. Sur quoi il rapporte plusieurs passages de l'ancien & du nouveau Testament, qui lui paroissent décisifs contre le péché originel. Il dit ensuite anathême à tous les hérétiques, & sur-tout *aux Manichéens & à leurs semblables,* dit-il, *qui, en établissant le péché naturel, prétendent que le démon est l'auteur des nôces, & que les enfans qui naissent sont les fruits d'un arbre qui appartient au diable.* Il continue : « Nous anathématisons aussi ceux qui prétendent que jusqu'à la Passion de » notre Seigneur, tous les hommes ont de droit appartenu » au démon, parce qu'ils étoient

» les fruits de la volupté qui ac-
» compagne l'usage du mariage ;
» & ceux qui disent que le Fils
» de Dieu n'a commencé de fai-
» re du bien aux hommes, que
» depuis sa Passion ; & ceux qui
» assurent que tous les péchés
» ne sont pas effacés par le bap-
» tême, ou que les Saints de
» l'ancienne Loi sont sortis de
» ce monde étant en péché, ou
» que l'homme est nécessité au
» péché.
» Nous avons en horreur ceux
» qui avancent que le Sauveur a
» été obligé de mentir par la né-
» cessité de la chair, & qu'elle
» l'a empêché de faire ce qu'il
» vouloit ;
» Ceux qui condamnent les
» premieres nôces avec les Ma-
» nichéens, & les secondes avec
» les Cataphrygiens ;
» Ceux qui disent qu'on ne
» peut pas, avec la grace de

» Dieu, éviter les péchés.

Après ces anathêmes qui ne paroissent lancés que pour rendre odieux les docteurs catholiques, Julien condamne quelques erreurs des Pélagiens; mais avec tant de réserve, qu'il craint d'avouer que quelqu'un les enseigne.

„ S'il y a quelqu'un, dit-il, qui „ soutienne qu'on peut, sans la „ grace & le secours de Dieu, „ éviter le péché, nous le détes„ tons, aussi-bien que celui qui „ nie que les enfans ayent besoin „ du baptême, ou qu'il faille le „ leur administrer avec des pa„ roles différentes de celles dont „ on se sert pour les adultes.

„ Et s'il y a quelqu'un qui pré„ tende qu'un enfant né de pa„ rens baptisés, n'a point besoin „ du baptême; nous le condam„ nons, & quiconque assure que „ tout le genre humain ne meurt

» pas en Adam. Mais ceux à qui
» l'on a attribué les ſentimens
» contenus dans ces derniers ar-
» ticles que nous venons de con-
» damner, les ont auſſi condam-
» nés dans leur profeſſion de foi,
» & ils proteſtent qu'ils leur ſont
» fauſſement attribués.

Julien s'efforce enſuite de juſtier ſa conduite & celle de ſes adhérans. “ Nous envoyons, dit-
» il, à Votre Sainteté cet écrit
» qui nous a paru conforme à la
» régle de la foi catholique. Si
» vous en penſez autrement ré-
» crivez-nous. Mais ſi on ne peut
» rien nous oppoſer, & que ce-
» pendant quelqu'un veuille ex-
» citer contre nous quelque
» ſcandale, que Votre Sainteté
» ſçache que nous en avons ap-
» pellé à un concile général, où
» nous demandons d'être enten-
» dus.

» Mais nous avertiſſons Votre

» Sainteté de ne pas regarder
» cette conduite comme un man-
» que de respect à son égard.
» C'est la crainte de Dieu qui
» nous empêche de souscrire à la
» condamnation des personnes
» absentes. Nous avons appris
» des saintes Ecritures, qu'il ne
» faut point préférer les ordres
» des hommes aux commande-
» mens d'un Dieu, qui dit : *Vous*
» *ne croirez pas sur de vains rap-*
» *ports, & vous ne vous accorderez*
» *pas avec l'impie pour servir de*
» *faux témoin* (a). Et de peur qu'on
» ne s'imaginât qu'il faut se ran-
» ger à l'opinion du grand nom-
» bre, il a ajouté : *Vous ne vous*
» *laisserez pas emporter à la multi-*
» *tude pour faire le mal* (ibid.).
C'est ainsi que Julien cherchoit
par l'abus des textes sacrés à se
rassurer contre la pluralité des
Evêques qui avoient reçu la Conf-

(a) *Exod.* 23. 1.

titution de Zosime. Il continue:
» Instruits que nous sommes par
» ces témoignagnes & plusieurs
» autres, nous craignons de con-
» damner des absens que nous
» n'avons pas oui, & jusqu'à ce
» que nous ayons, eux étant pré-
» sens, entendu & réfuté leurs
» raisons.
» Quoiqu'il soit donc du de-
» voir d'un Evêque, & de la cha-
» rité d'un chrétien, d'employer
» son autorité à défendre ceux
» qui se justifient par des écrits,
» qui se disent catholiques, &
» qui condamnent les damna-
» bles sentimens qu'on leur im-
» pute, & que dans les choses
» douteuses on doive toujours se
» ranger à l'opinion la plus favo-
» rable; cependant comme nous
» avons promis depuis long tems
» de garder la balance de l'éga-
» lité entre les deux partis, nous
» ne voulons ni condamner des

» personnes que nous n'avons pas
» oui, ni défendre des absens.
» Que Votre Sainteté se tienne
» donc assurée que quelques tem-
» pêtes qui s'élevent contre nous
» sur cette mer, quelque orage
» qu'on nous suscite, on ne pour-
» ra jamais ébranler la maison du
» jugement intégre, fondée sur
» la justice de Jesus-Christ.

Julien s'autorise en suite, pour combattre le péché originel, d'un passage tiré de l'Homélie de saint Jean Chrysostôme aux Néophites; & il finit en disant au Pape: "Instruits par les préceptes
» divins & les exemples des Evê-
» ques, nous avons fait ces re-
» montrances à Votre Sainteté.
» C'est à vous de vous rappeller
» le jugement de Dieu, & d'e-
» xaminer toutes choses avec un
» grand soin, afin que la paix
» que Jesus-Christ nous a recom-
» mandée, & que nous voulons

„ conserver, ne puisse être trou-
„ blée par aucun scandale.

Tel est le manifeste & le précis de doctrine que les Evêques opposans présenterent à Zosime, pour justifier leur appel au concile, de sa Constitution. On s'apperçoit à la simple lecture de cette piéce, que c'est la mauvaise foi, la calomnie & l'hypocrisie qui l'ont dictée aux Prélats appellans : Mauvaise foi, dans l'exposition de leur créance, sur les matieres de la grace & sur la nécessité du baptême ; Calomnies, dans les sentimens qu'ils attribuent à leurs adversaires ; Hypocrisie, dans les motifs qu'ils apportent de leur appel. Ils font servir la crainte de Dieu, l'amour de la justice & de la vérité, de voile à la passion & à l'hérésie. Ils se montrent par-tout zélés protecteurs de Pélage &

de Celestius ; & ils déclarent néanmoins qu'ils veulent demeurer neutres, & garder la balance de l'égalité. C'est qu'en effet un Evêque qui parle de neutralité dans les contestations sur la Religion, est toujours un zélé partisan de l'erreur.

CHAPITRE

CHAPITRE XXI.

Julien écrit à Rufus de Thessalonique au nom des dix-huit Prélats appellans. Mort de Zosime. Les Novateurs en deviennent plus insolens. Julien écrit contre saint Augustin un ouvrage divisé en quatre livres. Anien publie une traduction des Homélies de saint Jean Chrysostôme.

EN même-tems que Julien répandoit en Italie ce manifeste contre la Constitution du Pape, il sollicitoit la foi des Evêques étrangers pour tâcher de grossir le petit corps des Evêques appellans, toujours réduit au nombre de dix-huit. Il n'espéroit plus de pouvoir se concilier les Evêques des premiers Siéges. Ceux de Constantinople & de Carthage avoient condamné la nouvelle héréſie. Il s'adreſſa donc à Rufus de Theſſalonique, lequel, en qualité de Vicaire du ſaint Siége dans l'Illirie Orientale, tenoit un des premiers rangs dans l'Epiſcopat après les Patriarches, & avoit une Juriſdiction fort étendue. Il lui écrivit au nom des dix-huit Prélats ſes adhérans, une lettre pleine d'injures & de calomnies contre les défenſeurs de la nouvelle Conſtitution du Pape. C'eſt le langage de l'erreur, dans ceux même que les bienſéances de leur dignité obligeroient d'être plus réſervés. Ces Prélats confédérés déclarent d'abord qu'ils ſont contraints d'appeller à leurs ſecours les Evêques d'Orient pour la défenſe de la foi catholique, & d'implorer leur union contre les profanes nouveautés des Manichéens. Ils ſe plaignent de ce qu'ils ſont dans la diſgrace (*a*), parce qu'ils condamnent ceux dont l'Apôtre a prédit qu'*ils s'écarteroient de la foi, qu'ils auroient une conſcience cautériſée ; qu'ils défendroient de ſe marier & de manger des viandes ;* & ils ne rougiſſent pas d'avancer qu'on veut les forcer de nier que toutes les créatures de Dieu ſoient bonnes, & qu'il ait créé toutes les ſubſtances.

C'eſt ainſi que des Novateurs artificieux aux premiers coups que l'Egliſe leur porte, jettent de hauts cris qu'ils font retentir dans tout l'univers, comme s'ils étoient perſécutés pour la vérité. Ne pouvant plus faire peur, ils tâchent de faire compaſſion. C'eſt une reſſource dans leur diſgrace.

Après ces débuts, les Evêques appellans qui ſçavoient que rien n'avilit davantage, & ne rend plus odieuſe l'autorité que les va-

(a) L. 2. *contra duas Epiſt. Pelag.* c. 1.

riations & la violence, employent la calomnie pour décrier Zosime auprès de Rufus par ces deux endroits. Ils accusent ce Pape d'avoir rétracté le premier jugement qu'il avoit rendu, disent-ils, (a) *en ordonnant de croire que l'homme naît sans aucun péché originel.* Et ils ajoutent, que *le Clergé Romain, pressé par la crainte & par des ordres précis, n'a pas rougi de commettre la même prévarication, en déclarant que la nature humaine étoit mauvaise, contre le sentiment qu'il avoit suivi dans des actes dressés en faveur du dogme catholique.*

On voit encore plus de malignité dans l'exposé que ces Evêques font des sentimens qu'ils attribuent à leurs adversaires; c'est-à-dire, aux catholiques. *Ils prétendent*, disent-ils, *que le libre arbitre de l'homme est péri par le péché d'Adam, que Dieu n'est pas le Créa-*

(a) *Ibid*, c. 3.

teur des enfans, que le démon a institué les nôces (l. 2. c. 4.). *Ils établissent le destin sous le nom de grace, & disent que si Dieu n'inspire à l'homme malgré lui le désir de quelque bien, même imparfait, il ne pourra ni fuir le mal, ni pratiquer le bien* (a). *Ils enseignent que la loi de l'ancien Testament n'a point été donnée pour qu'elle justifiât ceux qui l'observeroient, mais pour que le péché fût plus grief; que le baptême ne fait pas vraiment des hommes nouveaux, c'est-à-dire, qu'il ne donne pas une rémission entiere des péchés* (c. 3.); *mais que ceux qui sont baptisés, deviennent en partie enfans de Dieu, & demeurent en partie enfans du démon. Ils disent aussi que le Saint-Esprit n'a donné aucun secours pour pratiquer la vertu dans l'ancienne loi* (c. 4.). *Ils veulent même que tous les Apôtres & les Prophètes n'ayent pas été entierement Saints* (c. 5.); *mais qu'ils ayent seu-*

(a) *Ibid. l.* 4. *c.* 2.

lement été moins méchans, en comparaison des autres (c. 7.).... *Ils soutiennent qu'après la résurrection, les hommes commenceront alors d'accomplir les commandemens de Dieu, qu'ils n'auront pas voulu accomplir ici.*

Julien & ses adhérans font ensuite le précis de leur doctrine, sur tous ces articles, & l'on n'y remarque rien de particulier, que la maniere dont ils s'expriment sur le baptême & le péché originel (a) : *Nous disons que le baptême est nécessaire, afin que la créature soit adoptée au nombre des enfans de Dieu, non parce qu'elle a contracté quelque péché qui doive être expié par le baptême. C'est pourquoi ce n'est point à cause de son excellence, & par une grace particuliere que Jesus-Christ n'a pas été souillé d'aucune tache, & que sa chair a été exempte de toute contagion du péché; c'est parce qu'il étoit revêtu de la nature*

(a) *Ibid. l. 4. c. 2.*

commune à tous les enfans. Nous disons donc que nous n'avons hérité d'autre mal d'Adam (ibid.) *que la mort qui n'est pas toujours un mal, puisque dans les Martyrs, elle est la cause de leur couronne, & que ce n'est pas la dissolution des corps, lesquels seront ressuscités pour les bons & pour les méchans, qui fera la bonne ou la mauvaise mort; mais la diversité des mérites qui vient de la liberté de l'homme.*

Pour finir cette lettre par un trait qui mette le comble à tant d'insolences (*a*), les Evêques appellans se plaignent, qu'*un dogme aussi insensé qu'impie*, c'est ainsi qu'ils nomment la Constitution de Zosime (a) *a été reçu dans presque tout l'Occident, & qu'on a extorqué pour le confirmer des souscriptions des simples Evêques, séparés chacun dans leur Siége, & sans les assembler en concile.* Ces Chefs du

(a) *Ibid. l. 4. c. 12.*

parti ne pouvoient plus ſe diſſimuler que la Conſtitution du Pape ne fût reçue de toute l'Egliſe; & il falloit raſſurer leurs partiſans contre ce concert de l'Epiſcopat avec ſon Chef. Ils publierent donc qu'on n'avoit pas laiſſé la liberté convenable aux Evêques qui avoient ſouſcrit à la Conſtitution, & que l'acceptation qu'ils en avoient faite ſans être aſſemblés en concile, n'étoit pas canonique. Ce doit être une conſolation pour les fidelles de voir que depuis tant de ſiécles l'erreur n'a point inventé de nouvelles chicanes pour éluder la démonſtration tirée du conſentement du corps des Paſteurs. C'eſt une lumiere éclatante de la vérité, à laquelle on ne peut oppoſer que de foibles nuages, que ſaint Auguſtin a diſſipés par avance, comme on le verra dans la ſuite.

Zoſime étoit trop jaloux de

son autorité & de celle de l'Eglise, pour laisser long-tems impuni un attentat aussi scandaleux que l'appel de Julien, & des Evêques ses adhérans. Mais à peine l'eurent-ils rendu public sur la fin de l'année 418, qu'il tomba dans une maladie qui fut assez longue, & dont il mourut le 26 Décembre de la même année, dans le tems qu'il paroissoit le plus nécessaire à la défense de la Religion. Ainsi le Seigneur, quand il veut montrer qu'il n'a pas besoin des hommes pour soutenir son Eglise, lui enleve-t'il quelquefois ses plus zélés défenseurs dans les circonstances les plus critiques. Il lui enleva en un jour, dans la personne des Apôtres S. Pierre & S. Paul, les deux plus fermes colomnes qui la soutenoient.

L'hérésie échappée aux derniers coups que Zosime se préparoit de frapper, en parut plus furieuse après la mort de ce Pontife. Les blessures qu'elle en avoit reçues, au lieu de l'affoiblir, semblerent lui donner de nouvelles forces, par la rage qu'elles lui inspirerent. Et quelle audace ne conçut-elle pas, quand elle vit le schisme, monstre encore plus furieux qu'elle, réunir ses forces aux siennes contre l'Eglise? Le Clergé de Rome se trouva partagé pour l'élection d'un nouveau Pape. La plus saine partie ayant canoniquement élû Boniface aux acclamations de tout le peuple, quelques mécontens se retirerent & élurent Eulalius, qui s'empara de l'Eglise de saint Pierre, soutenu par l'autorité de Symmaque, Préfet de Rome; tandis que Boniface fut obligé de se retirer hors de la ville dans l'Eglise de saint Paul.

L'Empereur Honorius, trompé

par la relation de Symmaque, se déclara d'abord pour Eulalius. Mais le Clergé Romain lui ayant représenté qu'on avoit surpris sa Religion, ce Prince convoqua une assemblée d'Evêques pour juger cette affaire.

Il semble inutile d'avertir que les Pélagiens se déclarerent pour le parti schismatique. Les ennemis de l'Eglise, quelque divisés qu'ils soient entre eux, se réunissent toujours contre elle : & tandis que l'Eglise montre qu'elle est la vraie mere, par la crainte qu'elle a de voir diviser le corps mystique de ses enfans ; les Synagogues de l'hérésie, qui s'efforcent de le diviser, font assez connoître qu'elles n'ont que des sentimens de maratres.

Le plus grand mal que fit ce schisme, c'est que par les affaires qu'il suscita à Boniface, il ne lui laissa ni le tems, ni l'autorité nécessaires pour réprimer les Pélagiens, dont l'audace n'eut plus de frein. Les Novateurs ne sont jamais plus insolens, que lorsqu'après quelques humiliations la fortune semble leur devenir favorable. Ils oserent demander à l'Empereur la révision du jugement rendu contre eux ; alléguant que la passion, l'ignorance & la faveur y avoient présidé & que l'on avoit intimidé ou corrompu les Juges. Le comte Valere, qui avoit autant de piété que de crédit, rompit leurs mesures (*a*). Désespérant donc d'en imposer au Prince, ils ne songerent plus qu'à séduire le public, en faisant passer ces calomnies dans des libelles.

Julien profita du premier loisir que lui laissa la diversion que faisoit le schisme, pour réfuter le livre de saint Augustin *des nô-*

(a) *L. 1. Operis imperf. n. 10.*

tes & de la concupiscence. Il le fit par un ouvrage intitulé ; *contre ceux qui condamnent les nôces, & qui attribuent au démon les fruits qui en naissent.* Il étoit divisé en quatre livres, & adressé à l'Evêque Turbantius, Prélat célébre dans le parti ; mais qui dans la suite eut le bonheur de revenir à l'unité. Julien entreprend de montrer au commencement du premier livre, la nullité & l'injustice du jugement rendu contre les Pélagiens ; *parce que*, dit-il, *pour juger sainement, il faut avoir le cœur libre de haine, de colere & d'amitié* (*a*). Et il trouve que le Pape & les Evêques qui les ont condamnés, n'ont agi que par passion. Il se plaint qu'on leur a ôté la liberté, en recourant à l'Empereur : que c'est une marque que la raison manque à un parti, quand il a

(a) *Apud Aug. l. 3. in Julian. c. 1.*

recours à ces voies pour inspirer la terreur, & extorquer des personnes timides un consentement forcé. Cris séditieux de tous les hérétiques proscrits par les Princes catholiques. Après ce préambule il entre en matiere, & met en usage plusieurs chicanes de la Dialectique, pour montrer que si la concupiscence est mauvaise, la nature humaine est mauvaise, & les nôces illicites. Il dit que le précis de son premier livre se réduit à la maxime suivante (a). *Celui qui garde la modération dans l'usage de la concupiscence, fait un bon usage d'un bien; celui qui n'y garde pas cette modération, fait un mauvais usage d'un bien; celui qui par amour de la virginité s'en abstient entierement, fait encore mieux; car il méprise le remede par la confiance qu'il a en sa santé, & en ses forces, pour livrer de glorieux combats.*

(a) *Apud August. l. 3. in Jul. c. 21.*

Dans le ſecond livre, après de nouvelles ſubtilités ſur la nature de la concupiſcence, il parle des vertus des payens. Il accuſe les catholiques d'introduire une néceſſité fatale (*a*), en introduiſant la grace, & pour le prouver, il falſifie un paſſage de ſaint Auguſtin. Il combat ce que le ſaint Docteur a dit ſur la maniere dont la génération ſe feroit faite dans l'état d'innocence, & ſur les cauſes de la pudeur qui obligea Adam & Eve à cacher leur nudité après le péché.

Il commence le troiſiéme livre par ſe glorifier que lui & ſes adhérans ne ſont perſécutés que pour la vérité (*b*). Mais qu'ils s'embarraſſent peu de plaire à une multitude ignorante (c'eſt ainſi qu'il nomme tous les catholiques) : qu'il leur ſuffit d'être

(a) *Ibid. l.* 4. *c.* 8.
(b) *Ibid. l.* 5. *c.* 1.

approuvés par un petit nombre des personnes les plus habiles. On ne rapporte ces traits, que pour faire sentir que les Novateurs de nos jours ne vomissent pas de nouvelles injures contre ceux qui les combattent. Julien continue ensuite de faire l'apologie de la concupiscence. Il dit que, quand elle seroit la peine du péché, elle seroit bonne, & tâche de montrer qu'une même chose ne peut être en même tems péché, & peine du péché. Pour faire voir que l'esprit a de l'empire sur la concupiscence par l'application des autres sens, il cite un trait rapporté par Ciceron dans un ouvrage que nous n'avons plus ; à sçavoir, que *de jeunes gens, dans la chaleur du vin, & excités par le son des instrumens, ayant forcé la porte d'une honnête femme,* (a) *Pithagore fit signe à la joueuse*

(a) *Ibid.* l. 5. c. 5.

d'instrumens de jouer un air grave & spondaïque. Ce qu'ayant fait, elle appaisa par la lenteur & la gravité des sons la pétulance de ces jeunes libertins.

Julien dispute toujours comme si saint Augustin condamnoit le mariage, & il l'accuse de ne s'écarter pas du sentiment des Paterniens & des Venustiens, qui prétendoient que *l'homme depuis les pieds jusqu'aux reins étoit l'ouvrage du diable.* Dans l'exorde du quatriéme livre, il traite d'envieux & d'insensés ceux qui écrivent contre les Pélagiens. Il emprunte ensuite de la Dialectique de nouvelles chicanes pour montrer que, le péché originel ayant été remis aux parens, ils ne peuvent le transmettre aux enfans, parce qu'on ne peut donner ce qu'on n'a pas. Il demande qu'on lui explique comment on peut, avec justice, imputer un péché à celui qui n'a pas voulu, & qui n'a pû pécher. Il insulte à l'Eglise Romaine, à l'occasion du schisme dont elle étoit affligée, & il veut faire croire que c'est une vengeance de la prétendue persécution faite aux Pélagiens. Il s'efforce de répandre du ridicule sur le dogme catholique, en disant (ce sont ses termes) que, selon ce sentiment, *Dieu & le diable ont fait un accord ensemble, que tout ce qui naîtroit appartiendroit au diable* (a), *& que tout ce qui seroit baptisé appartiendroit à Dieu, à la charge que Dieu rendroit féconde l'union des deux sexes que le diable a inventée*. Il tâche dans le reste du livre de montrer que le baptême ne remet pas tous les péchés, si la concupiscence qui demeure est mauvaise; & que, si elle est mauvaise, elle est toujours criminelle tandis qu'elle subsiste.

(a) *Ibid. l. 6. c. 9.*

Julien publia cet ouvrage vers le milieu de l'année 419, & un Ecrivain du parti en fit presque aussi-tôt un extrait ou un abrégé, qui, pouvant être plus facilement transcrit, devint en peu de tems fort commun.

Le diacre Anien publia vers le même tems la traduction des Homélies de saint Jean Chrysostôme sur saint Mathieu. Il la dédia à Oronce, un des Evêques appellans. Ce Prélat l'avoit chargé de ce travail, persuadé que rien n'est plus propre à répandre l'erreur, qu'une traduction de l'Ecriture ou de quelque ouvrage des Saints Peres, faite avec autant d'artifice que d'élégance. Dans ces sortes d'ouvrages, un mot changé, ou glissé adroitement, présente souvent tout le venin de l'hérésie, tandis que le lecteur perdant, pour ainsi dire, de vûe le traducteur, ne croit voir que les sentimens d'un auteur dont il n'ose se défier. Anien mit à la tête de sa traduction, une préface adressée à Oronce, où il parle des persécutions qu'il souffre avec lui pour la foi. Ce qui montre que l'ouvrage a été publié après la condamnation du Pélagianisme. Il ajoute qu'on ne pouvoit traduire un ouvrage plus capable de faire du fruit, dans un tems, où, à l'occasion de quelques questions difficiles, on attaquoit les bonnes mœurs & la discipline ecclésiastique. Sur quoi il dit : *Le saint Evêque Jean paroît combattre avec nous dans tous ses ouvrages pour une si bonne cause, & sur-tout dans les Homélies. Car qu'y inculque-t'il plus aux hommes, que la noblesse de leur nature, que tous les sages louent d'un concert unanime contre la rage de Manès ? Que loue-t'il plus souvent que le don glorieux de la liberté que nous avons reçue de Dieu ? C'est la confession de cette liberté qui met la principale différence entre nous & les Gentils, qui croyent l'homme créé à l'image de Dieu, si malheureusement nécessité au mal par le destin, qu'il est contraint d'envier le sort des bêtes. Qu'insinue-t'il plus expressément contre les nouveaux Docteurs, que la possibilité des commandemens de Dieu & le pouvoir donné à l'homme d'acquerir toute la vertu que Dieu lui commande ou lui conseille? Avec quels éloges & quelle précaution parle-t'il de la grace? Car il n'est ni outré, ni trop réservé. Il établit tellement la liberté, qu'il reconnoît partout le secours de la grace nécessaire pour accomplir les commandemens de Dieu; & il admet tellement le continuel secours de la grace, qu'il n'éteint pas les efforts de la volonté.* Ce langage si catholique est en effet celui de saint Chrysostôme; mais il n'est pas sincére dans Anien, qui ne parle de la sorte que pour faire croire que ses adversaires détruisent la liberté en établissant la grace. Le reste de la préface contient un beau caractere de l'éloquence & du stile de saint Chrysostôme.

Anien animé par le succès de cette traduction, en fit aussi une des sept Homélies de saint Chrysostôme, sur les louanges de saint Paul, à la priere du prêtre Evangele à qui il l'adressa. *Cet ouvrage*, lui dit-il, en le lui envoyant, *vous doit être d'autant plus agréable, qu'il dissipe comme un astre brillant, par la lumiere de l'Ecriture, la nuit de l'erreur Manichéenne. Car quelle consolation pour nous de voir que cet illustre & habile maître de l'Orient combat pour la vérité que le Traducien attaque dans notre doctrine?* (Les Pêlagiens donnoient par mépris ce nom à saint Augustin, à cause du péché originel, & de l'opinion de la propagation des ames). *Il semble*, continue Anien, parlant de saint Chrysostôme, *qu'il ait moins songé à instruire les disciples qui l'entendoient, qu'à nous préparer des secours pour la défense de la vraie foi. Avec quelle force s'éleve-t'il contre la nécessité ? Avec quel courage combat-il pour le libre arbitre ? Qu'il sçait bien exalter les secours de la grace, sans blesser les droits de la volonté ? En quoi il s'accorde par-tout avec les livres de nos Ecrivains.*

Il paroît vraisemblable qu'Anien est aussi le traducteur de la célébre Homélie aux Néophytes, de l'infidélité duquel saint Augustin (*a*) se plaint. Mais il faut qu'il ait publié cette traduction long-tems avant celles dont on vient de parler.

(a) L. 1. *Contra Jul. c.* 6.

CHAPITRE XXII.

Julien s'applique à gagner le Clergé du second ordre. Il écrit au Clergé de Rome. Boniface est reconnu Pape. L'Empereur Honorius porte une nouvelle loi contre les Pélagiens. Saint Aurele la reçoit, & l'adresse aux autres Evêques d'Afrique.

TOUS ces ouvrages, appuyés du crédit & des intrigues du parti, augmenterent la séduction. Elle pénetra dans les Gaules, & quelques Evêques s'y laisserent gagner à l'erreur. Mais il ne paroît pas qu'ils ayent fait la démarche d'appeller au concile, comme les dix-huit Evêques d'Italie. Le reste de l'Episcopat demeura constamment attaché à la foi

foi du ſaint Siége. Julien n'eſpérant donc plus de nouvelles conquêtes parmi les Evêques, s'appliqua à gagner le Clergé du ſecond ordre, & à le ſoulever contre le Pape & contre les Evêques ſoumis à la Conſtitution. Le ſchiſme qui diviſoit l'Egliſe de Rome, lui parut un tems favorable à ſes deſſeins. Il écrivit une lettre au Clergé même de cette ville *pour découvrir ſes partiſans, ou pour s'en faire*, dit ſaint Auguſtin (*a*). On voit par quelques fragmens qui nous en reſtent, qu'il y employoit ſes calomnies ordinaires pour rendre odieux ceux qui avoient ſouſcrit à la Conſtitution de Zoſime.

Ces Manichéens, diſoit-il, (ibid. c. 2.) *avec leſquels nous ne communiquons plus, c'eſt-à-dire, tous ceux qui ne ſont pas d'accord avec nous, diſent que le libre arbitre a péri par*

(a) *L. 1. ad Bon. c. 1.*

le péché d'Adam, & que personne n'a plus le pouvoir de bien vivre: mais que tous sont contraints au péché par la nécessité de la chair.

Ils disent aussi que le mariage, tel qu'il se fait aujourd'hui, n'a pas été institué de Dieu, & c'est ce qu'enseigne Augustin (c. 5.) *dans son livre auquel j'ai répondu par quatre livres; & nos ennemis se sont servis de ces paroles d'Augustin pour rendre la vérité odieuse.*

Ils disent encore que les mouvemens charnels & l'usage du mariage, ont été inventés par le diable; que pour cette raison, les innocens naissent coupables, & que ceux qui naissent de cet accouplement diabolique, ne sont pas les créatures de Dieu, mais celles du diable (c. 6.); *ce qui est évidemment Manichéen.*

Ils prétendent que les Saints de l'ancien Testament n'ont pas été sans péché, c'est-à-dire, que leurs offenses n'ont pas été effacées, même par la pénitence (c. 7.), *& qu'ils ont été surpris de la mort dans ces péchés.*

(c. 8.) *Que l'Apôtre saint Paul, ou même tous les autres Apôtres, ont continuellement été souillés par une concupiscence éfrénée.*

(C. 12.) *Que Jesus-Christ n'a pas été exempt de péché; qu'il a menti, & a été souillé d'autres fautes par la nécessité de la chair.*

(C. 13.) *Ils enseignent aussi que le baptême ne donne pas la rémission des péchés, & n'ôte pas les crimes; qu'il ne fait, pour ainsi dire, que les racler; ensorte que les racines de tous les péchés demeurent dans la chair qui est mauvaise.*

(C. 15.) *Voilà*, continue Julien, *le sujet des disputes que nous avons tous les jours; nous ne voulons pas nous rendre au sentiment de ces prévaricateurs, parce que nous disons que tous les hommes de leur nature ont le libre arbitre, & qu'il n'a pû périr par le péché d'Adam : ce qui est établi par l'autorité de toutes les Écritures.*

Nous disons que les nôces qui se font aujourd'hui, sont d'institution divine; que les époux ne sont pas coupables, mais les fornicateurs & les adultéres. Que les mouvemens de la chair, sans lesquels l'union des deux sexes ne peut être, ont été institués de Dieu.

(c. 18.) *Nous soutenons que l'homme est l'ouvrage de Dieu, qu'il n'est contraint ni au bien ni au mal par la puissance divine; qu'il est aidé par la grace de Dieu dans les bonnes œuvres, & qu'il est porté au mal par les suggestions du démon.*

(C. 21.) *Nous disons que les Saints de l'ancien Testament ont passé de cette vie à la vie éternelle dans une parfaite justice.... Nous confessons que la grace de Jesus-Christ* (c. 22.) *est nécessaire à tous, aux grands & aux petits. Nous anathématisons ceux qui disent qu'on ne doit pas baptiser l'enfant né de parens baptisés, & ceux qui prétendent que le baptême n'efface pas tous les péchés, parce que nous sçavons qu'on est entierement purifié par ce Sacrement.*

Après cette exposition artificieuse de sa foi, Julien dit au Clergé Romain : *Que personne donc ne vous séduise, & que ces impies ne nient pas que ce soit-là leurs sentimens* (c. 24.). *S'ils disent la vérité, qu'ils nous donnent audience dans un concile, ou du moins que les Evêques qui nous sont maintenant opposés condamnent les sentimens que j'ai rapportés ci-dessus, & qu'ils déclarent qu'ils ne les tiennent pas avec les Manichéens, comme nous condamnons les sentimens qu'ils nous attribuent ; & nous serons parfaitement d'accord. S'ils refusent de le faire, sçachez qu'ils sont Manichéens, & n'ayez pas de commerce avec eux.*

On voit par ce dernier article

que les Pélagiens ne convenoient nullement d'avoir enseigné les erreurs condamnées. La distinction du fait & du droit n'est donc nouvelle que quant aux termes. L'hérésie avoit trouvé dès-lors l'artifice, pour sauver l'erreur, de se retrancher à nier que les auteurs condamnés l'eussent enseignée ; & l'Eglise dès-lors exigea qu'on souscrivit non-seulement à la condamnation des dogmes, mais encore à celle des auteurs (*a*). *Voilà*, disoit Mercator à Julien, *vos dogmes, & les dogmes de Celestius qui ont été condamnés avec leurs auteurs par l'autorité ecclésiastique dans tout l'univers.*

Quand saint Augustin reprocha à Julien la lettre au Clergé de Rome, Julien la désavoua. *Il fait mention*, dit-il, *d'une lettre qu'il dit que j'ai envoyée à Rome* (b).

(a) *Mercator, subn. c. 6.*
(b) *L. 1. op. imperf. c. 18.*

Mais nous n'avons pû deviner de quel écrit il veut parler. Car j'ai écrit autrefois deux lettres à Zosime, Evêque de cette ville. Mais je les ai écrites avant que j'eusse commencé à composer des livres.

Saint Augustin répond que la lettre dont il s'agit, n'étoit pas adressée à Zosime. Ce désaveu de Julien n'a pas laissé de faire croire à un habile critique que Celestius étoit le véritable auteur de cette lettre. Mais l'auteur de la lettre en question parle de quatre livres qu'il dit avoir composés contre le livre des nôces de saint Augustin : ce qui ne peut convenir qu'à Julien, & nullement à Celestius.

Tous ces libelles furent répandus pendant quelque-tems avec assez de liberté. Mais une nouvelle loi que l'Empereur publia contre les Pélagiens, après avoir heureusement mis fin au schisme, les rendit plus circonſpects.

Honorius avoit convoqué d'abord une aſſemblée d'Evêques à Ravenne pour juger de l'élection des deux prétendans au Pontificat. Ce concile n'avoit rien décidé ; & l'Empereur en avoit indiqué, pour le commencement de Juin ſuivant, un plus nombreux à Spolete, où il avoit invité les Evêques d'Afrique & des Gaules. En attendant, il avoit ordonné, de l'avis du Concile de Ravenne, que les deux prétendans ſortiſſent de Rome, & que le premier qui y reviendroit pour y exciter des troubles, fût déclaré le faux paſteur. Eulalius revint bien-tôt à Rome exciter de nouvelles ſéditions, & il acheva par cet eſprit factieux de détromper ceux qui étoient encore dans ſon parti. L'Empereur le fit chaſſer de Rome, & y rappella au commencement d'Avril Boniface, qui fut reçu si unanimement, que l'Empereur ne jugeant plus nécessaire un concile aussi nombreux, que celui qu'il avoit convoqué pour le mois de Juin, contre-manda les Evêques de de-là la mer. Aussi-tôt que Boniface se vit affermi dans son Siége, il s'appliqua à réparer les maux que le schisme & l'hérésie avoient faits, en quoi son zele fut secondé par la piété de l'Empereur.

Ce religieux Prince voyant les troubles de la Religion s'augmenter par la résistance d'un petit nombre d'Evêques qui refusoient de souscrire à la Constitution de Zosime, ainsi que ce Pape l'avoit ordonné, crut devoir encore prêter son autorité à celle de l'Eglise pour punir ce scandale. Il porta à ce sujet une loi qu'il adressa par la lettre suivante à saint Aurele, qui s'étoit peut-être plaint de la lenteur de quelques Evêques d'Afrique à souscrire; mais il y a apparence qu'elle fut aussi adressée aux autres Evêques des grands Siéges, & que ce fut à la sollicitation du Pape Boniface qu'elle fut portée.

Les Empereurs Honorius & Théodose, à l'Evêque Aurele ; Salut.

» Il y a long-tems que nous
» avions ordonné qu'on chassât
„ de Rome, comme des esprits
„ contagieux, & des pestes de la
„ Religion catholique, Pélage
„ & Celestius, les auteurs d'une
„ hérésie détestable, de peur
„ qu'ils ne pervertissent les es-
„ prits des ignorans. En quoi
„ nous avons suivi votre juge-
„ ment, puisqu'il est constant
„ qu'ils ont été justement con-
„ damnés, après un mûr examen,
„ par le jugement de tous les Evê-

» ques. Mais l'opiniâtreté & la
» contumace des coupables, nous
» ayant contraint de porter une
» seconde Constitution à ce su-
» jet ; nous avons décerné par
» une nouvelle loi, que, si quel-
» qu'un, sçachant qu'ils sont ca-
» chés dans quelque endroit de
» quelque Province, différe de les
» découvrir ou de les chasser, il
» soit sujet à la même peine. Et
» afin que le zele de tous les
» Chrétiens conspire de concert
» à l'extinction de cette secte dé-
» testable ; il est sur-tout conve-
» nable que vous, notre très-
» cher Pere, employiez votre au-
» torité pour réprimer la contu-
» mace de quelques Evêques qui
» fomentent ces pernicieuses dis-
» putes par un consentement ta-
» cite, ou qui ne s'y opposent
» point en faisant une guerre
» ouverte à ces erreurs.
» Ayez donc soin de notifier à

» chacun dans les formes conve-
» nables qu'il a été ordonné, que
» tous ceux, qui par une obsti-
» nation impie, refuseront de
» donner des preuves de la pu-
» reté de leur foi par la souscrip-
» tion à la condamnation de
» Pélage & de Celestius, seront
» déposés de l'épiscopat, & pri-
» vés pour toujours de la com-
» munion des fidelles.
» Car comme nous confessons
» sincérement, selon la foi du
» concile de Nicée, que Dieu
» est le Créateur de toutes cho-
» ses, & que nous le révérons
» comme auteur de notre Em-
» pire, vous ne souffrirez pas que
» des hommes de cette détesta-
» ble secte, qui ne respirent que
» la nouveauté, sément par des
» pratiques sourdes une doctrine
» sacrilége, déja condamnée par
» l'autorité publique. Car ce
» n'est pas un moindre crime de

» conniver à l'erreur en dissimu-
» lant, ou de la favoriser en ne
» la condamnant point. *Et d'une*
» *autre main.* Que le Seigneur,
» notre très-cher Pere, vous
» conserve pendant plusieurs an-
» nées. A Ravenne le 6 Juin, sous
» le Consulat de Monaxius & de
» Plinta.

Cette lettre, adressée à saint Aurele, n'est pas la loi même de l'Empereur, comme on le croit assez communément. Saint Aurele les distingue. Ce saint Primat de l'Afrique ayant reçu cette nouvelle loi, la notifia aux Evêques des diverses Provinces. Nous avons encore la lettre qu'il écrivit à ce sujet aux Evêques de la Bizacene & de l'Arzugitaine, en leur envoyant un exemplaire de la loi de l'Empereur, & de la lettre qu'il en avoit reçue.

» L'Evêque Aurele, à nos très-
» chers Freres & Co-Evêques,

» Donatien, Evêque du premier » Siége, Januarien, Felix, Pa» latin, Primien, Cayen, un au» tre Cayen, Janvier, Victorin, » & aux autres qui sont dans l'é» tendue des Provinces Bizacene, » & Arzugitaine.

» Vous n'avez pas oublié, nos » très-chers Freres, qu'on vous » a fait part dans un concile plé» nier de la condamnation de » Pélage, de Celestius & de leurs » erreurs. Mais comme les très» glorieux & très-religieux Em» pereurs, qui veillent à la con» servation de la foi catholique, » ont voulu y joindre leur auto» rité, & m'ont chargé d'intimer » leurs ordres à tous les Evêques, » je me suis pressé de vous en » donner avis, en vous envoyant » un exemplaire de leur loi, de » peur qu'il ne se glisse quelque » erreur dans quelque partie de » la Province, par les suggestions

» de ces hérétiques, qui s'insi-
» nuent comme le serpent, &
» qui ont été rejettés par l'Eglise
» universelle.

» C'est pourquoi il est à propos
» que vous ayez connoissance
» d'une Constitution aussi néces-
» saire que celle qui vient d'être
» portée par les Empereurs, aus-
» si-bien que des lettres qu'ils
» m'ont fait l'honneur de m'é-
» crire à ce sujet. La lecture que
» vous en ferez vous apprendra
» comment chacun de vous doit
» souscrire. Je parle de ceux dont
» on n'a pas encore la souscrip-
» tion aux actes Synodaux, ou
» qui n'ont pû assister au concile
» plénier de toute l'Afrique; afin
» que quand on aura toutes les
» souscriptions de chacun de
» vous à la condamnation de
» ces hérétiques, on ne puisse
» plus soupçonner personne de
» dissimulation, de négligence,

» ou de cacher de mauvais sen-
» timens.

» *Et d'une autre main.* Je sou-
» haite, mes Freres, que vous
» viviez bien, & que vous ne
» m'oubliyez pas.

» Donné à Carthage le premier
» jour d'Août, sous le Consulat
» de Monaxius & de Plinta,
» c'est-à-dire, l'an 419.

C'est ainsi que saint Aurele, un des plus saints & des plus sçavans Prélats du monde; ce zélé défenseur des canons & des droits de l'épiscopat, ne crut pas que ce fût les blesser, que d'exiger des Evêques des souscriptions pures & simples à une Constitution dogmatique du saint Siége. Et ces mêmes Evêques d'Afrique, qui précisément en ce tems-là, montroient tant de zele à soutenir leurs droits contre les appellations au Pape, dans les causes qui ne concernoient pas la foi, étoient les plus empressés à témoigner leur obéissance & leur soumission aux Constitutions dogmatiques du saint Siege. Loin de blâmer le Prince qui ordonnoit par ses loix la déposition & l'exil des Evêques opposans, ils sollicitoient eux mêmes ces loix contre leurs confreres; & quand le Prince les avoit portées, ils faisoient des éloges publiques de son zele & de sa religion. L'hérésie seule en murmura. Julien peignit le zele de l'Empereur, comme les violences d'un tyran. Il se plaignit amérement que ce Prince renouvellât les persécutions pendant la paix de l'Eglise. A ces cris fanatiques, Saint Augustin (*a*) ne répondit autre chose, sinon que c'étoit *le langage ordinaire des hérétiques.*

(a) L. 3. *Contra Jul.* c. 2.

CHAPITRE XXIII.

Julien publie un écrit intitulé : Du bien de la Constance. *Boniface procéde contre les Evêques Pélagiens. Quelques-uns se soumettent. Julien est déposé & chassé d'Italie. Saint Jérôme applaudit aux défenseurs de la foi. Nouveaux ouvrages de saint Augustin. L'un est en quatre livres sur l'origine des ames ; l'autre est le second livre des nôces & de la concupiscence.*

CE concert, de l'autorité Ecclésiastique & de la puissance Impériale à exiger les souscriptions, extirpa jusqu'aux dernieres fibres de l'erreur en Afrique. Mais cette yvraie avoit jetté en Italie de trop profondes racines pour céder aux premiers efforts.

L'audace & l'opiniâtreté de Julien semblerent croître avec le péril. Environné des foudres qui grondoient sur sa tête, il disoit hautement, qu'*il y avoit plus de gloire pour lui devant Dieu de défendre la vérité*, *quand tout le monde l'attaquoit* (a).

Pour rassurer ceux de la secte qui paroissoient plus timides, Julien eut l'effronterie de publier que la nouvelle loi de l'Empereur leur étoit favorable. Ce qui lui parut pouvoir donner quelque couleur à cette imposture, fut apparemment la déclaration que faisoit l'Empereur contre les erreurs des Manichéens, que Julien supposoit toujours être les sentimens de ses adversaires (*b*). Mais comme il lui étoit aisé de prévoir que peu de personnes seroient les dupes d'un artifice si

(a) *Apud August. l.* 2 *in Jul. c.* 10.
(b) *Apud August. l.* 3, *contra Jul. c.* 1.

grossier, il composa vers le même tems un écrit intitulé : *Du bien de la constance contre la perfidie de Manès*. C'étoit pour soutenir ses disciples dans la tempête qui se formoit, & ils eurent bien-tôt occasion de montrer cette prétendue constance.

Le Pape ne pouvoit souhaiter des conjonctures plus favorables pour agir contre les Evêques appellans d'Italie : Il n'en manqua pas l'occasion. *Boniface*, dit saint Prosper, *se voyant appuyé de la protection des Empereurs, se servit contre les Pélagiens des Constitutions Apostoliques & Impériales* (a) ; c'est-à-dire, qu'il les fit exécuter. Il commença par procéder à la déposition des Evêques réfractaires qui étoient l'ame du parti, la cause des troubles, & le scandale de l'Eglise.

Quelques-uns de ces Prélats,

(a) *Contra Collat.*

aveuglés par l'erreur & l'entêtement, ouvrirent enfin les yeux à la vérité, en voyant de près le danger. Turbantius, un des plus distingués parmi les opposans, & à qui Julien donne tant de louanges (*a*), eut le bonheur d'être du nombre de ceux qui se soumirent. Il paroît que la crainte de perdre l'épiscopat, fut la raison la plus forte qui commença de les détromper; mais Dieu se sert de toutes sortes de voyes pour faire entrer l'amour de la vérité dans un cœur, & il est toujours plus glorieux de revenir à l'unité, qu'il n'avoit été honteux de s'en écarter.*Le parti ne laissa pas de décrier comme de lâches politiques, les Evêques qui l'abandonnerent; & ceux qu'il vantoit auparavant comme des hommes rares, perdirent tout-à-coup tout leur mérite à ses yeux. C'est l'injustice or-

(a) *Apud August. l. 1. operis imperf. c. 1.*

dinaire des sectes. Ceux des Evêques opposans qui demeurerent contumaces, furent déposés & chassés de leurs Siéges. La puissante protection que Julien avoit à la Cour ne put détourner le coup qui le menaçoit. Elle le suspendit encore quelque-tems. Mais enfin, ce Chef du parti, après bien des intrigues, fut déposé d'Eclane, & chassé de toute l'Italie : il n'en sortit néanmoins qu'au commencement de l'année 421, ayant sçu jusqu'à ce tems-là éluder les ordres les plus précis.

Pendant cette déroute des ennemis de l'Eglise, saint Jérôme, que sa vieillesse & ses infirmités empêchoient de les poursuivre, animoit par ses applaudissemens les défenseurs de la foi. Il écrivit à ce sujet l'an 420. une lettre commune à saint Alipius & à saint Augustin. *Dieu m'est témoin*, leur dit-il, *que, s'il m'étoit possible, je prendrois les aîles de la colombe pour me procurer la consolation de vous embrasser l'un & l'autre. L'éclat de vos vertus me l'a toujours fait désirer; mais je le désirerois plus ardemment aujourd'hui, que vous avez été les coopérateurs de l'entiere défaite de l'hérésie Célestienne. Funeste hérésie, qui a tellement infecté les esprits de ses partisans, que ne pouvant plus se dissimuler qu'ils sont condamnés & vaincus, ils conservent leur venin dans le cœur; & dans l'impuissance où ils sont de nous faire d'autre mal, ils nous haïssent parce qu'ils croyent que c'est nous qui les empêchons d'enseigner librement leur hérésie.* C'est-là en effet un crime que les Novateurs ne sçavent point pardonner. Crime bien glorieux à ceux à qui ils font ressentir à ce sujet les effets d'une haine implacable.

Saint Jérôme continue: *Quant à ce que vous me demandez, si j'ai répondu aux livres d'Anien, ce faux diacre de Celedan, qui est nourri & entretenu pour écrire les blasphémes d'autrui ; sçachez qu'il y a peu de tems que le saint prêtre Eusébe m'a fait tenir ces livres ; & depuis que je les ai, j'ai tellement été accablé d'infirmités & affligé de la mort de votre fille sainte Eustochium, que j'ai presque crû devoir les mépriser. Car il n'y a rien de nouveau dans cet ouvrage, que quelques termes brillans & affectés. Cependant nous avons fait beaucoup de l'obliger à s'expliquer plus clairement, & à découvrir ses blasphêmes, en tâchant de répondre à ma lettre. Car il avoue dans cet ouvrage, tout ce qu'il nie avoir dit dans le misérable concile de Diospolis.* Saint Jérôme parle d'Anien dans ce dernier trait, comme de la personne de Pélage, parce que Anien étoit en effet l'écho & le secrétaire de cet héréſiarque, à qui il avoit servi d'interprête au concile

concile de Diospolis. Le saint Docteur finit en disant : *Si le Seigneur nous donne vie, & que nous ayions des copistes, nous lui répondrons par quelques petits écrits. Il seroit cependant plus convenable que vous le fissiez, afin que nous ne soyons pas obligé de louer nos ouvrages en les défendant contre cet hérétique.*

Saint Augustin, ni saint Alipius, n'avoient alors le loisir de faire ce que souhaitoit saint Jérôme. Augustin fut occupé presque toute l'année 420. à répondre aux livres qu'on avoit faits contre lui ; & Alipius fut obligé de se rendre en Italie auprès de l'Empereur, au sujet de quelques affaires Ecclésiastiques, dont on ne sçait pas le détail. Ceux qui ont écrit qu'Alipius se rendit auprès d'Honorius pour solliciter la derniere Constitution, se sont trompés. Ce Prélat qui étoit encore les derniers jours de May en Afrique au concile tenu au ſujet des appellations, n'a pu pourſuivre en perſonne l'expédition d'une loi portée en Italie les premiers jours de Juin ſuivant. Auguſtin put faire agir le comte Valere ſon ami, & Alipius vint peut-être pour en remercier l'Empereur, au nom de l'Egliſe d'Afrique.

Pendant ce voyage, Alipius alla de Ravenne à Rome pour y conférer avec le Pape Boniface. Il en fut reçu avec la diſtinction qui étoit dûe à un Prélat d'un ſi grand mérite, & qui avoit eſſuyé les fatigues de tant de voyages pour la Religion.

Boniface ſouhaita qu'il prit un logement chez lui. Alipius n'oublia pas de lui parler de ſon ami Auguſtin, dont la réputation croiſſoit à proportion de ſes travaux pour l'Egliſe. Le Souverain Pontife, voulant témoigner l'eſtime qu'il faisoit de ce saint Docteur, fit chercher un exemplaire des deux lettres que les Pélagiens avoient répandues pour séduire le public (c'étoit la lettre écrite au nom des dix-huit Evêques, à Rufus de Thessalonique, & celle de Julien au Clergé de Rome.) Boniface, qui souhaitoit que saint Augustin les réfutât, les donna à Alipius pour les lui porter.

Outre que personne n'étoit plus en état de le faire, que le Docteur de la grace, il y étoit personnellement interressé. Les lettres en question lui imputoient plusieurs hérésies à l'occasion de son livre des nôces & de la concupiscence. Dans le même tems le comte Valere envoya aussi de Ravenne à Rome, à Alipius pour saint Augustin, l'extrait ou l'abrégé qu'on avoit fait de l'ouvrage de Julien contre le même livre des nôces & de la concupiſcence. Ainſi le retour d'Alipius, ce fidele ami d'Auguſtin, en lui apportant la matiere de nouveaux travaux contre les ennemis de la Religion, ne fut pas moins agréable à ſon zele qu'à ſon amitié.

Ce ſaint Docteur, toujours infatigable, travailloit alors à un ouvrage en quatre livres ſur l'origine des ames, à l'occaſion d'un écrit plein d'erreurs, qu'un jeune homme qui ſe faiſoit nommer *Vincent Victor*, avoit publié contre lui, & que le moine René lui avoit envoyé de Céſarée de Mauritanie. Le premier livre eſt adreſſé à ce moine, le ſecond à Pierre, prêtre Eſpagnol, à qui Vincent avoit adreſſé ſon écrit; le troiſiéme & le quatriéme ſont adreſſés à Vincent lui-même. Saint Auguſtin, qui panche toujours pour l'opinion de la propagation des ames, ne prend point encore de parti : il se contente de réfuter les erreurs de Vincent, à qui il parle avec bonté & avec modestie. *Je ne dois pas nier*, lui dit-il, *qu'il n'y ait dans tant d'ouvrages que j'ai faits* (a), *aussi-bien que dans mes mœurs*, *bien des choses qu'on peut blâmer sans témérité & avec justice.* Vincent Victor avoit depuis peu abandonné la secte des Rogatistes pour se réunir à l'Eglise. Mais il avoit encore en vénération la mémoire d'un Evêque de cette secte (*b*), & il le regardoit comme un grand homme, & comme un saint homme. Saint Augustin l'avertit que cet Evêque ne peut avoir été ni saint, ni juste dans un parti hérétique.

Il avoit à peine achevé cet ouvrage, que l'arrivée d'Alipius lui ouvrit un nouveau champ pour combattre les ennemis de l'Eglise. Il commença par réfuter l'écrit

(a) L. 4. c. 1. (b) L. 3. c. 2.

que le comte Valere lui avoit envoyé contre le livre des nôces & de la concupiscence ; ce qu'il fit par un second livre sur le même sujet, qu'il adressa aussi au comte Valere. Il y répond aux extraits du livre de Julien, sans garder d'autre ordre que celui selon lequel ils étoient placés. Voici ce qui a paru plus digne de remarque. Julien dit dans sa préface, parlant des Docteurs catholiques: *Les Docteurs de ce tems & les auteurs du trouble qui dure encore, ont résolu de perdre l'Eglise entiere, pour deshonorer & perdre des personnes dont les saintes études excitent leur jalousie. Ils ne voyent pas combien ils ont fait par-là d'honneur à ces personnes, puisqu'ils ont fait voir qu'on ne peut obscurcir leur gloire qu'en renversant la Religion. Car si quelqu'un dit que l'homme est libre, ou que Dieu est Créateur des enfans* (a), *on le nom-*

(a) *L. 2. de nupt. & concup. c. 3.*

me aussi-tôt Celestien & Pélagien. On se fait donc Manichéen, de peur d'être appellé hérétique. Saint Augustin répond : *Il n'en est pas ainsi que vous dites, qui que vous soyez ; il n'en est pas ainsi. Vous vous trompez, ou vous cherchez à tromper. Nous ne nions pas le libre arbitre, nous reconnoissons les uns & les autres que les hommes sont libres, & que Dieu est Créateur des enfans. Ce n'est pas par-là que vous êtes Celestiens ou Pélagiens. Ce que vous dites, c'est que l'homme est libre pour faire le bien sans le secours de Dieu, & que les enfans sont participans du Royaume céleste, sans avoir été délivrés de la puissance des ténébres ; c'est par cet endroit que vous êtes Celestiens & Pélagiens.* Cette réponse du Docteur de la grace est d'autant plus remarquable, qu'il y détermine en quoi consiste l'hérésie de Pélage & de Celestius.

Il explique ainsi au même endroit la différence qu'il y a entre le dogme du péché originel & l'hérésie Manichéenne. *Les Catholiques*, dit-il, *enseignent que la nature humaine a été créée bonne par un Dieu bon* (a) *; mais qu'ayant été vitiée par le péché, elle a besoin d'être réparée par Jesus-Christ. Les Manichéens au contraire disent que Dieu n'a point créé bonne la nature humaine, & que le péché ne l'a pas corrompue ; mais que le Prince des ténébres éternelles a créé l'homme par le mélange de deux natures qui ont toujours été, & dont l'une est bonne & l'autre mauvaise.*

C'est ainsi que le saint Docteur ne manque pas dans toutes les occasions de réfuter l'accusation de Manichéisme intentée nommément contre lui. Comme il avoit été engagé dans les erreurs de cette secte, il craignoit

(a) *Ibid.*

que la calomnie ne trouvât plus aisément croyance.

Il répond ensuite aux vaines subtilités de son adversaire contre le péché d'origine. Julien objectoit sur-tout qu'il ne pouvoit y avoir de péché sans volonté. Saint Augustin accorde ce principe, & dit que *tous ont péché par la mauvaise volonté d'Adam* (c. 5.), *parce que ce seul homme étoit tous les hommes*. Mais il n'insiste pas sur cette réponse, qu'il semble même abandonner ailleurs. Car dans un autre endroit du même livre, Julien lui demandant, *Par quel moyen donc le péché se trouve-t'il dans un enfant. Est-ce par la volonté? il n'en a aucune. Est-ce par le mariage? Mais cela concerne les parens que vous avez avoué n'avoir pas péché en cela* (c. 27.). Saint Augustin se contente de répondre: *A toutes ces objections, l'Apôtre qui n'accuse ni la volonté de l'enfant qui n'est pas en lui propre à pécher ; ni le mariage en tant que mariage, qui est institué & beni du Seigneur ; ni les parens en tant que parens; lui répond*, par un seul le péché est entré dans le monde.

Julien poursuivoit : *L'enfant qui naît ne péche point* (c. 28.), *celui qui l'a engendré ne péche point, celui qui l'a créé ne péche point, par quelle fente sécrete s'est donc glissé le péché ? Pourquoi*, reprenoit saint Augustin, *cherche-t'il une fente cachée, tandis qu'il a une porte ouverte ? C'est par un homme, dit l'Apôtre, c'est par le péché d'un seul homme ; c'est par la désobéissance d'un seul homme ; que cherche-t'il davantage, que cherche-t'il de plus clair ?* C'est en effet où il faut s'en tenir sur un dogme aussi obscur que le péché originel, & dont la foi ne nous apprend que l'existence.

Le reste du livre est employé à montrer la honte & le désordre de la concupiſcence que Julien avoit entrepris de juſtifier, comme néceſſaire à la propagation. Il ne faut pas oublier un trait remarquable de ſaint Auguſtin à l'occaſion de quelques propoſitions qu'il reprend dans Julien, quoiqu'elles paroiſſent conformes aux ſaintes Ecritures (*ibid.*). *Ces propoſitions*, dit-il, *ſont vraies & catholiques* (c. 4.): *elles ſont vraies dans les livres ſaints; mais elles ne ſont pas catholiques dans Julien, parce qu'elles ne ſont pas dites avec un eſprit catholique.* C'eſt la réponſe qu'il convient de faire à ceux qui prétendent ſi ſouvent juſtifier par l'autorité des divines Ecritures & des ſaints Peres, les propoſitions condamnées dans les Novateurs. Les expreſſions peuvent quelquefois être les mêmes, mais le ſens qu'elles renferment, & l'eſprit qui les fait proférer, ſont bien différens.

CHAPITRE XXIV.

Saint Augustin réfute les deux lettres des Pélagiens. Il adresse cet ouvrage au Pape Boniface. Volusien, Préfet de Rome & Payen, favorise les Pélagiens. L'Empereur Constance lui écrit vivement à ce sujet. Volusien change de conduite & publie un Edit contre Celestius. Pélage est condamné dant un concile d'Antioche, & chassé de Jérusalem. On ne sçait ni le tems ni les circonstances de sa mort.

AUSSI-TÔT que saint Augustin eut mis la derniere main au second livre des nôces & de la concupiscence ; il travailla à la réfutation des deux lettres des Pélagiens, en quatre livres adressés à Boniface, qui l'avoit chargé de ce travail. Il témoigne d'abord à ce saint Pape l'estime qu'il a conçue pour ses vertus, & le respect qu'il a pour la prééminence de son Siége, l'assurant qu'il lui envoye ses livres, *afin qu'il les examine & qu'il les corrige* (l. 1. c. 1.), *s'il y trouve quelque chose à reprendre.*

Après cette espece de dédicace, il réfute la lettre de Julien au Clergé de Rome, & il combat d'abord avec indignation ce que les auteurs Pélagiens reprochoient aux Catholiques, touchant le libre arbitre.

Qui de nous, dit S. Augustin, *enseigne que le libre arbitre a été perdu par le péché du premier homme? Il a été perdu à la vérité une sorte de liberté, mais c'est celle qui étoit dans le paradis* (c. 2.) *; c'est la liberté d'avoir une entiere justice avec l'immortalité.* Il combat avec la même force les autres calomnies avancées dans cette lettre contre les Catholiques touchant le mariage, la concupiscence, les Saints de l'ancien Teſtament, les effets du baptême, &c. Et il découvre l'artifice & le venin caché dans la profeſſion de foi qu'on y fait ſur tous ces articles.

La réfutation de la lettre écrite au nom des dix-huit Prélats appellans à l'Evêque de Theſſalonique, occupe les trois derniers livres. Dans le ſecond livre ſaint Auguſtin, après avoir répondu à l'accuſation du Manichéiſme, juſtifie parfaitement Zoſime, & ſon Clergé, accuſé d'avoir varié & prévariqué dans l'affaire de Celeſtius. On a rapporté ci-deſſus le précis des moyens de juſtification qu'il employe. Il répond enſuite aux reproches que Julien faiſoit aux Catholiques d'introduire le deſtin, ſous le nom de la grace; & examinant ce qui peut avoir donné occaſion à cette calomnie, il l'attribue à ce que nous diſons que la grace n'eſt pas donnée ſelon les mérites.

Il continue dans le troisiéme livre à réfuter les calomnies imputées aux Catholiques dans la lettre des dix-huit Prélats touchant la loi ancienne, les effets du baptême, les Saints de l'ancien Testament, les mensonges attribués à Jesus-Christ, & l'accomplissement des préceptes dans la vie future. Et dans le quatriéme livre, il montre que les louanges que ces Prélats donnent dans leur lettre à la créature, aux nôces, à la loi, au libre arbitre, & aux Saints, sont comme des fleurs répandues pour cacher le serpent de l'hérésie. *Tout ce qu'ils publient*, dit-il, *à la louange de la créature & du mariage, c'est pour faire entendre qu'il n'y a pas de péché d'origine* (l. 4. c. 2.). *Tout ce qu'ils publient à la louange de la loi & du libre arbitre; c'est pour persuader que la grace ne nous aide que selon nos mérites; c'est-à-dire, qu'elle n'est pas grace. Tout ce qu'ils publient à la louange des Saints, c'est pour montrer que les Saints sont sans péché en cette vie, & qu'ils n'ont pas besoin de prier Dieu qu'il leur remette leurs offenses.*

S. Augustin rapporte ensuite sur le péché originel & sur la grace, plusieurs témoignages de S. Cyprien & de S. Ambroise d'autant plus propres à confondre ses adversaires, que Pélage avoit donné de grands éloges à ces deux saints Docteurs.

Il finit ce grand ouvrage par ces reproches aux Evêques appellans, bien capables de couvrir de confusion ceux qui les imitent. *Qu'est-ce donc qu'ils disent qu'on a extorqué des souscriptions des simples Evêques dans leurs Siéges, & sans les assembler en concile...... Etoit-il donc nécessaire d'assembler un concile pour condamner une doctrine manifestement pernicieuse, comme s'il n'y avoit jamais eu d'hérésie condamnée sans avoir convoqué un concile* (a).

(a) *L. 4. Contra duas Epistol. Pelag. c. ultimo.*

Au contraire, on en trouve fort peu pour la condamnation desquelles on ait été obligé d'en venir là.... Mais tel est l'orgueil de ces hommes qui s'élevent avec tant d'insolence contre Dieu. Ils ne veulent pas se glorifier en lui, mais dans le libre arbitre. Ils veulent avoir la gloire qu'on assemble pour eux un concile de l'Orient & de l'Occident. Car ne pouvant pervertir le monde Catholique, parce que le Seigneur s'oppose à leur dessein, ils veulent du moins le troubler. Mais après le jugement compétant & suffisant, qui a été rendu contre eux, il ne reste plus, à la vigilance des Pasteurs, qu'à écraser ces loups par-tout où ils oseront paroître : soit pour les guérir & les changer, soit pour préserver de la contagion ceux qui n'en sont pas infectés.

C'est toute la réponse que saint Augustin fit à l'appel des Evêques Pélagiens ; c'est celle qu'y fit le Pape Boniface & toute l'Eglise avec lui.

Alipius qui repassa en Italie au

printems de l'année 421. porta au comte Valere le second livre des nôces, & la réfutation des deux lettres Pélagiennes à Boniface. Ce saint Pontife étoit toujours appliqué à poursuivre les Pélagiens. Il ne s'étoit pas flaté de terminer cette grande affaire par la déposition de tant d'Evêques, sans trouver bien des contradictions. Il ne s'en effraya pas. Les Pélagiens qui n'avoient de ressource que dans les troubles qu'ils exciteroient, n'omirent rien pour faire de l'éclat; & ils réussirent par la protection qu'ils trouverent auprès des premiers Magistrats. Toutes les loix du Prince sont de foibles armes, quand le Magistrat, à qui l'exécution en est confiée, montre de la connivence. Volusien, préfet de Rome, étoit payen, & voyoit avec plaisir les troubles de la Religion qui le rassuroient dans son infidélité. Il osoit même les fomenter par l'impunité qu'il accordoit aux sectaires. Il étoit oncle de Mélanie la jeune (*a*), & par-là plus porté à favoriser les disciples de Ruffin. Ainsi, sous la protection du préfet, Celestius, quoique tant de fois proscrit, demeuroit toujours secretement à Rome. Constance, qu'Honorius venoit d'associer à l'Empire après lui avoir fait épouser sa sœur Placidie, ayant appris cette conduite de Volusien, lui en marqua son indignation par le Décret suivant, qui fut apparemment porté à la sollicitation de Boniface.

L'Empereur Constance, à Volusien, Préfet de la Ville.

» Nous apprenons que les er-
» reurs anciennes & nouvelles,
» que nous avions ordonné de ré-
» primer, font tous les jours de
» nouveaux progrès, & comme
» la discorde divise les esprits,
» nous réïterons les ordres que

(a.) *Phot. c.* 53.

» nous avons déja donnés. C'est
» pourquoi, aussi-tôt que vous
» aurez lû ce Décret, faites re-
» chercher avec soin ces héréti-
» ques, & faites les chasser de la
» ville; ensorte qu'ils ne puissent
» demeurer plus près de Rome
» que la centiéme pierre. Nous
» ordonnons encore très-expres-
» sément que Celestius soit chassé
» de la ville. Car il est constant
» que l'exil de ces sortes de person-
» nes rétablira une paix solide.

» Au reste, soyez sûr que si nous
» apprenons dans la suite quelque
» chose de semblable, vous serez
» coupable de mort. Car nous ne
» laisserons pas impunie une si
» grande négligence à exécuter
» nos ordres.

» Adieu, notre très-cher pere,
» Qu'on exécute ce que nous
» avons ordonné; il y va de vo-
» tre réputation.

Ce Décret ne porte aucune date. Mais comme, selon le sentiment

le plus probable, Constance, qui fut associé à l'Empire le 8 Février 421. n'a pas régné sept mois entiers, étant mort le 2 de Septembre, sous le Consulat d'Eustathius & d'Agricola; il faut que le Décret précédent ait été porté pendant cet intervalle. Car le sentiment de Prosper & d'Idatius qui lui donnent trois ans de regne, ne paroît pas s'accorder assez avec l'histoire.

Volusien, voyant qu'il y alloit de sa fortune & même de sa vie, s'il ménageoit les Novateurs, changea entierement de conduite à leur égard. La crainte & l'intérêt le rendirent zélé pour la Religion; & dans la suite, étant tombé malade à Constantinople (*a*), où il avoit été envoyé pour quelque négociation, il eut le bonheur d'y recevoir le baptême. Aussi-tôt donc qu'il eut reçu le Décret de l'Empereur, il fit publier cet Edit,

(a) *Phot. Cod.* 53.

Volusien, Préfet de la Ville, a ordonné ce qui suit :

» Jusqu'à présent les lieux se-
» crets & propres à cacher les
» coupables, ont soustrait aux
» châtimens Celestius, perturba-
» teur de la foi & du repos public.
» Désormais les édits & les loix le
» poursuivront par-tout ; & pour
» premiere peine, on lui interdit
» la demeure de la ville éternel-
» le. S'il ose même s'arrêter aux
» environs, il n'évitera pas la
» mort, en punition de sa té-
» mérité & de son audace.

» Nous avertissons aussi par cet
» édit, que personne ne soit assez
» hardi pour donner de retraite à
» quelque criminel, de peur que
» quand celui-ci aura été puni, on
» ne soit obligé de punir, par le
» dernier supplice & la proscrip-
» tion, celui qui aura caché chez
» soi un homme coupable selon
» les loix divines & humaines.

Des ordres si rigoureux acheverent de dissiper le parti, & ceux des Evêques appellans qui demeurerent opiniâtres, furent enfin obligés de sortir de l'Italie, & d'aller mandier de nouveaux secours dans les Provinces les plus éloignées.

Pour comble de disgrace, Pélage qui étoit toujours à Jérusalem dans un grand crédit, fut vers le même-tems chassé de cette ville. Le célébre Théodote, Evêque d'Antioche, à la sollicitation d'Eros & de Lazare, assembla un concile ou Praîle de Jérusalem se rendit, & où les artifices de Pélage furent découverts, & ses erreurs anathématisées. Praîle avoit trop de piété pour aimer mieux troubler l'Eglise, que d'avouer qu'un Novateur l'avoit surpris. Il reconnut la vérité, parce qu'il la cherchoit avec un cœur droit. Il chassa Pélage & écrivit une seconde lettre au Pape, pour réparer le scandale de la premiere (*a*). C'est ce que Mercator nous apprend. On rapporte communément ce concile à l'an 416. ou 417. Mais il est facile de montrer par l'autorité de Théodoret, que Théodote (*b*) ne fut pas élevé sur le Siége d'Antioche avant l'an 420.

On ignore où Pélage, chassé de Jérusalem se retira. Le silence de l'histoire sur la suite de sa vie, donne lieu de croire qu'il alla cacher sa honte dans quelque solitude, ou qu'il n'y survécut pas longtems. Il se plaignoit déja des infirmités de la vieillesse en 404. lorsqu'il écrivoit ses Commentaires sur saint Paul, & l'orgueil dût le rendre plus sensible qu'un autre aux humiliations & aux disgraces.

(a) *Merc. Comm. c.* 3.
(b) *Vid. Pagi. ad ann.* 420.

FIN.

TABLE

FAUTES A CORRIGER.

PAge 8. *l.* 17. s'il vend, *lisez* s'il ne vend.

Pag. 16. *au bas de la page.* præfactione, *lisez* præfatione.

Pag. 57. *l.* 22. cette multitude d'autorité des saints Peres, *lisez* cette multitude d'autorités de saints Peres.

Pag. 218. *l.* 5. s'téend, *lisez* s'étend.

Pag. 231. *l.* 15. rescipiscence, *lisez* résipiscence.

Pag. 240. *l. dern.* 318. *lisez* 418.

Pag. 307. *l.* 9. justier, *lisez* justifier.

CPSIA information can be obtained
at www.ICGtesting.com
Printed in the USA
BVOW06s0213181017
497785BV00041B/376/P